物流信息技术

杨宇平　主编

中国财富出版社有限公司

图书在版编目（CIP）数据

物流信息技术 / 杨宇平主编 . —北京：中国财富出版社有限公司，2023.8

ISBN 978-7-5047-7979-3

Ⅰ.①物… Ⅱ.①杨… Ⅲ.①物流—信息技术 Ⅳ.①F253.9

中国国家版本馆 CIP 数据核字（2023）第 167841 号

策划编辑 黄正丽	**责任编辑** 白 昕 赵晓微	**版权编辑** 李 洋
责任印制 尚立业	**责任校对** 卓闪闪	**责任发行** 敬 东

出版发行 中国财富出版社有限公司

社　　址 北京市丰台区南四环西路 188 号 5 区20 楼　　　　**邮政编码** 100070

电　　话 010-52227588 转 2098（发行部）　　　　010-52227588 转 321（总编室）

010-52227566（24 小时读者服务）　　　　010-52227588 转 305（质检部）

网　　址 http://www.cfpress.com.cn　　　　**排　　版** 宝蕾元

经　　销 新华书店　　　　**印　　刷** 宝蕾元仁浩（天津）印刷有限公司

书　　号 ISBN 978-7-5047-7979-3/F・3573

开　　本 787mm×1092mm　1/16　　　　**版　　次** 2023 年 11 月第 1 版

印　　张 16.75　　　　**印　　次** 2023 年 11 月第 1 次印刷

字　　数 357 千字　　　　**定　　价** 52.00 元

前　言

当前，物流企业面临着日益激烈的国内外市场竞争局面，必须以有效的组织和管理模式快速响应市场。物流信息化已成为企业降低物流成本、改进客户服务、提高企业竞争力的重要手段。

物流信息技术是现代信息技术在物流各个作业环节中的综合应用，是现代物流区别于传统物流的根本标志，也是物流技术中发展最快的领域，尤其是计算机网络技术的广泛应用使物流信息技术达到了较高的应用水平。

教育部相关政策文件要求中等职业教育以培养应用型人才为主旨，但对现阶段物流信息技术相关教材进行研究分析后，发现国内教材市场上物流信息技术教材大多偏向于理论，实践应用部分可操作性相对较弱。本教材本着理论精练、内容实用的原则，对理论和实践两方面内容进行了整合，更侧重于实用性和可操作性。

本教材依照物流作业环节，深入浅出地介绍了各种信息技术在物流活动中的实际应用。本教材共设计了六个项目，主要包括物流信息技术概述、采购/销售信息技术、生产物流信息技术、仓储信息技术、运输信息技术和智慧物流前沿信息技术。每个项目设立任务目标、任务发布、任务引导、任务工单、任务实施、任务评价、任务反思和知识学习多个模块，并结合大量的视频、有针对性的思考题等资源，使本书具有很强的可读性和可操作性。此外，本教材把实现民族复兴、家国情怀与责任担当、做人做事的基本道理、社会主义核心价值观等"思政元素"融入课程教学，进一步凸显课程"育德"功能，让学生成为德才兼备、全面发展的人才。

本教材由广西物资学校杨宇平担任主编，陈刚、陈红、梁水连担任副主编，周洁、韩璞、刘禹璐、罗桂莲、陈晨、周美锋、黄立皓、赖卫、苏奕、闫妍、梁广慧、杜恒越等人参与编写。

本教材在编写过程中参阅了国内外许多同行的学术研究成果，参考和引用了所列参考文献中的某些内容，谨向相关作者致以诚挚的感谢。

由于编者水平有限、时间仓促，对每种物流信息技术的介绍难免有不妥和不完善之处，希望广大读者批评指正。

编　者

2022 年 12 月

目　录

项目一　物流信息技术概述

任务一　物流信息认知

⚒ 任务目标

通过本任务的学习，可以达成以下目标。

知识目标	1. 了解信息和物流信息的概念 2. 了解信息和数据的关系 3. 掌握物流信息的特征 4. 掌握物流信息的分类
技能目标	1. 能阐述物流信息在物流活动中的作用 2. 能分析物流信息化的必要性
思政目标	树立信息共享的意识

🕐 任务发布

江苏飞力物流管理有限公司是一家大型物流企业，经营业务包括运输、仓储、加工和包装等。多年来，公司凭借高标准的运输要求、先进的物流信息技术、灵活的经营方式、合理的运价体系，赢得了良好的社会信誉，成为许多知名企业的战略合作伙伴。

张江是一名即将毕业的中职学生，放假期间他到江苏飞力物流管理有限公司实习。在实习过程中，他接触到了很多物流信息技术。张江的师傅是仓管员老郭，老郭告诉张江，物流信息是组织和监控物流活动的重要工具，要想运用物流信息技术，必须先了解物流信息。

请问，张江应该如何快速了解物流信息呢？

📍 任务引导

引导问题 1：什么是物流信息？信息和物流信息有什么区别呢？

引导问题 2：在物流活动中，物流信息起到了哪些作用？尝试举例说明。

📎 任务工单

物流信息认知的任务工单如表 1－1－1 所示。

表 1－1－1　　　　　　　　　物流信息认知的任务工单

任务名称：	
组长：	组员：
任务分工：	
方法、工具：	
任务步骤：	

任务实施

步骤一：分析信息和数据的关系。

请画出信息和数据的关系图。

步骤二：辨识物流信息认知图片。

请写出表1−1−2中图片的名称。

表1−1−2 物流信息认知图片及名称

图片	名称
 1 00 23183 00941 4	

续　表

图　片	名　称
基本信息　线路信息　GPS信息　温度信息　节点信息 **基本信息** 订单号：D2212137809900000000　订单类型：整车　是否提货：是 订单状态：运输中　发单渠道：货主导入下单　是否配送：否 提交调度时间：2022-12-13 12:28:38　客户单号：D221213000084001213　运营项目：运输项目 要求提交时间：2022-12-13 23:00:00　创建时间：2022-12-13 10:30:59　计费条款：HTTK 20429-205 要求到达时间：2022-12-15 23:00:00　车型：4.2米冷藏厢式双温	

步骤三：分析物流信息化的必要性。

请分析并阐述物流信息化的必要性。

📍 任务评价

学生互评表①

任务名称		物流信息认知					
班级		组别		姓名		学号	
评价项目 （占比）		评价标准				满分 （分）	得分 （分）
考勤（10%）		学生考勤情况（无故旷课、迟到、早退出现一次扣10分，请假一次扣2分）				10	
学习能力 （10%）	合作学习能力	小组合作参与程度（优6分、良4分、一般2分、未参与0分）				6	
	个人学习能力	个人自主探究参与程度（优4分、良2分、未参与0分）				4	
工作过程 （60%）	完成知识目标	能阐述信息和物流信息的概念（每错一处扣1分）				10	
		能分析信息和数据的关系（每错一处扣1分）				5	
		能理解物流信息的特征（每错一处扣2分）				10	
		能对物流信息进行分类（每错一处扣1分）				5	
	完成技能目标	能阐述物流信息在物流活动中的作用（每错一处扣5分）				15	
		能分析物流信息化的必要性（每错一处扣5分）				15	
工作成果 （20%）	成果完成情况	能按规范及要求完成任务（未完成一处扣2分）				10	
	成果展示情况	能正确认识并使用物流信息（失误一次扣5分）				10	
总得分							

---

① 本书中学生互评表和教师评价表里每一项的最低分为0分。

教师评价表

任务名称			物流信息认知				
授课信息							
班级		组别		姓名		学号	
评价项目（占比）			评价标准			满分（分）	得分（分）
考勤（10%）			学生考勤情况（无故旷课、迟到、早退出现一次扣10分，请假一次扣2分）			10	
学习能力（10%）	合作学习能力		小组合作参与程度（优6分、良4分、一般2分、未参与0分）			6	
	个人学习能力		个人自主探究参与程度（优4分、良2分、未参与0分）			4	
工作过程（60%）	完成知识目标		能阐述信息和物流信息的概念（每错一处扣1分）			10	
			能分析信息和数据的关系（每错一处扣1分）			5	
			能理解物流信息的特征（每错一处扣2分）			10	
			能对物流信息进行分类（每错一处扣1分）			5	
	完成技能目标		能阐述物流信息在物流活动中的作用（每错一处扣5分）			15	
			能分析物流信息化的必要性（每错一处扣5分）			15	
工作成果（20%）	成果完成情况		能按规范及要求完成任务（未完成一处扣2分）			10	
	成果展示情况		能正确认识并使用物流信息（失误一次扣5分）			10	
总得分							

任务反思

在完成任务的过程中，遇到了哪些问题？是如何解决的？

知识学习

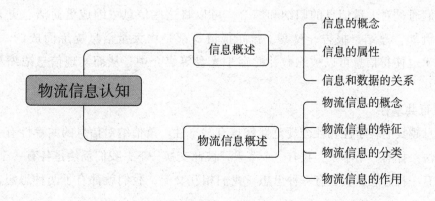

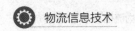

一、信息概述

(一) 信息的概念

"信息"一词在英语、法语、德语中均是"Information"。许多研究者从各自的研究领域出发,给出了不同的定义。具有代表意义的表述如下。

信息领域的奠基人香农认为信息是用来消除随机不确定性的东西,这一定义被人们当作经典性定义并加以引用。

控制论创始人诺伯特·维纳认为信息是人们在适应外部世界,并使这种适应反作用于外部世界的过程中,同外部世界进行互相交换的内容和名称,该定义也被人们当作经典性定义加以引用。

还有一些经济管理学家认为信息是提供决策的有效数据。

(二) 信息的属性

1. 依附性

信息是一种抽象的、无形的资源。信息必须依附于物质载体,而且只有具备一定能量的物质载体才能传递信息。信息不能脱离物质载体和能量而独立存在。

2. 再生性

信息在使用中不断扩充、不断再生,永远不会耗尽。

3. 可传递性

如果没有信息传递,那么所谓的"有信息存在"就没有意义。信息传递可以通过多种方式进行,如口头语言、手抄文字、印刷文字等。

4. 可贮存性

信息可以贮存,以备他时或他人使用。贮存信息的手段多种多样,如书写、印刷、缩微、录像、拍照、录音等。

5. 可缩性

人们通过对大量信息的归纳和综合,可以将这些信息浓缩成更简洁、更有用的形式。例如,总结、报告、议案、新闻报道等都是由大量信息提炼而成的。此外,现代技术也使得信息可以被缩微并贮存于光盘等媒介中,从而实现信息浓缩和高效存储。

6. 可共享性

信息越具有科学性和社会规范性就越有共享性。萧伯纳对信息的共享性有一个形象的说法:你有一个苹果,我有一个苹果,彼此交换一下,我们仍然是各有一个苹果;如果你有一种思想,我也有一种思想,我们相互交流,我们就都有了两种思想,甚至更多。这个说法表明了信息不会像物质一样因为共享而减少，反而可以因为共享而衍生出更多。

7. 可预测性

信息的可预测性体现在人们可以通过信息推导未来信息形态，信息具有预示未来、反映事物发展趋势的能力。

8. 有效性和无效性

信息的有效性和无效性体现在信息符合接受者需要为有效，反之则无效；此时需要则有效，彼时不需要为无效；对此人有效，对他人可能无效。

9. 可处理性

当信息经过人的分析和处理后，会产生新的信息或价值，从而使原始信息增值。例如，在数据分析中，通过对大量数据的挖掘和分析，可以发现其中的规律和趋势，并为决策提供更有力的依据。

（三）信息和数据的关系

信息和数据既相互联系，又相互区别。数据是人们用来反映客观事物的可鉴别的符号，具有抽象性；信息是经过加工分析之后的数据，是有价值的数据。简单来讲，数据是原材料，信息是加工后的有价值的数据。

☀ 扫一扫

请扫描左侧的二维码，阅读材料。

二、物流信息概述

（一）物流信息的概念

《物流术语》（GB/T 18354—2021）中指出，物流信息是反映物流各种活动内容的知识、资料、图像、数据的总称。

物流信息是在物流活动过程中产生的，贯穿整个物流活动的各个环节。它对前后

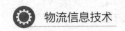

环节都有影响，并通过自身的作用对整个物流活动进行有效控制。因此，物流信息常被称为现代物流的"中枢神经"，决定着整个物流活动的效益。

（二）物流信息的特征

1. 信息量大、分布广

由于物流活动是一个大范围内的活动，物流信息源也分布于一个大范围内，物流信息的产生、加工和应用在时间、地点上各不相同。

2. 联系性强

物流活动是多环节、多因素、多角色共同参与的活动，活动中所产生的各种物流信息必然存在十分密切的联系。

3. 种类多

物流信息种类繁多，从其作用的范围来看，物流系统内部各个环节有不同种类的信息，物流系统外部也存在不同种类的信息。由于物流系统与其他系统密切相关，因而还必须收集物流系统外部的有关信息。

4. 动态性强

物流信息的衰减速度很快，这就要求信息管理具有很高的即时性。为了应对这一挑战，现代物流经营活动需要及时收集、快速响应和动态处理物流信息。

5. 复杂性高

在物流活动中，必须对不同来源、不同种类、不同时间和相互联系的物流信息进行反复研究和处理，才能得到有实际应用价值的信息，这是一个非常复杂的过程。

（三）物流信息的分类

物流信息的分类方法有很多种。总的来说，物流信息可分为物流综合管理信息、物流业务信息、物流作业信息、物流设施设备信息、物流技术信息、物流安全信息。依据不同的标准还可将物流信息分成不同的类别，具体如下。

1. 按功能领域分类

根据信息产生和作用的功能领域不同，物流信息可分为仓储信息、运输信息、加工信息、包装信息、装卸信息等。对于某个功能领域还可以进一步细分，例如，仓储信息可分为入库信息、出库信息、库存信息、搬运信息等。

2. 按环节分类

根据信息产生和作用的环节不同，物流信息可分为输入物流活动的信息和物流活动产生的信息。

3. 按层次分类

根据信息产生和作用的层次不同，物流信息可分为基础信息、作业信息、协调控制信息和决策支持信息。

基础信息是物流活动的基础，是最初的信息源，如物品基本信息、货位基本信息等。

作业信息是物流作业过程中产生的信息，信息的波动性大，具有动态性，如发货信息、到货信息等。

协调控制信息主要指物流活动的调度信息和计划信息。

决策支持信息指能对物流计划、决策、战略产生影响的信息或有关的统计信息、宏观信息，如科技、产品、法律等方面的信息。

4. 按加工程度分类

按加工程度的不同，物流信息可以分为原始信息和加工信息。

原始信息是指未经过加工的信息，是信息工作的基础，也是最有权威性的凭证性信息。

加工信息是对原始信息进行各种方式和各个层次处理后的信息，这种信息是原始信息的提炼、简化和综合。

（四）物流信息的作用

物流信息的作用主要体现在以下三个方面。

第一，物流信息是物流活动各环节相互作用和联系的桥梁和纽带。物流系统涉及商流、物流和信息流，是商品实体流动、所有权转移和信息传递的过程。例如，企业在收到用户的订货信息后，首先要检查仓库中是否有足量的库存商品，如果有，就可以发出配送信息，配送部门就可以进行配送操作。如果没有足量的库存商品，配送部门就要发出采购信息或生产信息，采购部门收到采购信息后进行采购活动，生产部门收到生产信息后安排生产作业。因此，物流信息连接着物流活动的各个环节，并指导各个环节的活动，起着桥梁和纽带作用。物流信息的作用（项链模型）如图 1－1－1 所示。

第二，物流信息有利于企业对物流活动各环节进行有效的计划、组织和控制。企业管理者可以应用现代信息技术，采集、挖掘、分析各环节的有关物流信息，选取有价值的物流信息来指导下一环节的活动，或反馈优化上一环节的活动，从而协调和控制整个物流活动。

第三，物流信息有利于提高企业管理和决策水平。加强物流活动各环节间的联系和企业内部与外部的沟通，有助于保持物流和资金流的畅通，实现双赢或多赢，同时也能够有效地缩短订货周期，降低库存水平，提高运输效率，快速响应客户，提高客户的满意度和企业竞争力。

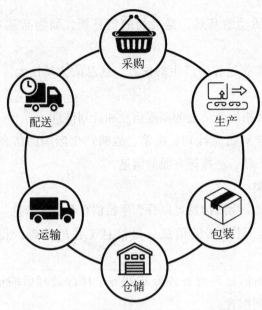

图 1-1-1　物流信息的作用（项链模型）

✏️ **思政提升**

深入推进全国执行与监督信息法检共享，推动依法解决执行难问题

《中共中央关于加强新时代检察机关法律监督工作的意见》（以下简称《意见》）提出深入推进全国执行与监督信息法检共享，推动依法解决执行难问题。

《意见》指出，精准开展民事诉讼监督。以全面实施民法典为契机，进一步加强民事检察工作，畅通司法救济渠道，加强对损害社会公共利益、程序违法、裁判显失公平等突出问题的监督，依法保护公民、法人和其他组织的合法权益。健全检察机关依法启动民事诉讼监督机制，完善对生效民事裁判申诉的受理审查机制，完善案卷调阅制度。健全抗诉、检察建议等法律监督方式，增强监督的主动性、精准度和实效性。深入推进全国执行与监督信息法检共享，推动依法解决执行难问题，加强对损害国家利益或者社会公共利益、严重损害当事人合法权益、造成重大社会影响等违法执行行为的监督。加强检察机关与审判机关、公安机关协作配合，健全对虚假诉讼的防范、发现和追究机制。

由此可见，信息共享在各行各业中都起到了重要作用。作为新时代的年轻人，我们更应该树立信息共享的意识，加强物流活动各作业环节之间的衔接，推动智能物流的快速发展。

扫一扫

请扫描左侧的二维码,观看视频。

任务实施参考答案

步骤一:分析信息和数据的关系。

请画出信息和数据的关系图。

信息和数据的关系如图 1 - 1 - 2 所示。

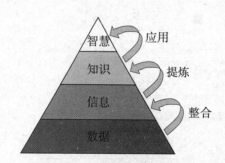

图 1 - 1 - 2　信息和数据的关系

步骤二:辨识物流信息认知图片。

请写出表 1 - 1 - 2 中图片的名称(见表 1 - 1 - 3)。

表 1 - 1 - 3　　　　　　　　　物流信息认知图片及名称

图片	名称
![二维码]	二维码

续　表

图片	名称
	一维条码
	快递物流信息
	物流系统运输信息

步骤三：分析物流信息化的必要性。

请分析并阐述物流信息化的必要性。

1. 物流信息化能促使物流成本减少

物流企业如何对自身物流资源进行优化配置，如何实施管理和决策，以期用最小的成本带来最大的效益，是其面临的重要问题。在进行物流管理和决策时，需要实时地分析各种条件，并在最短时间内给出最佳实施方案。诸如运输资源的使用、运输路线的选择、工作计划的拟订、人员的安排、库存数量的决策、需求和成本的预测、物流系统的控制等，都需要优化或智能规划。物流信息系统能自觉运用智能规划理论和方法，实现管理和决策的最优化、智能化，可以最合理地利用有限的资源，以最小的消耗取得最大的经济效益。通过引入各种优化模型、先进的物流管理软件在车辆配载、运输路线规划、仓储管理等各个方面实现资源优化配置，直接为客户带来经济上的利益。统计表明，合理安排运输路线可以帮助用户用原来60%～70%的资源（车辆、人力）完成原来的工作。因此，物流信息化能够以最小的成本带来最大的效益。

2. 物流信息化能促使物流流程重组

物流信息化的直接结果是信息流动加快，信息更加及时、准确，而信息的迅速流动直接影响物流流程的平衡。物流信息化必然要求物流流程的重组。但是对物流流程的重组并不是对原有物流系统的全盘否定，而是使原有物流系统升级，使物流流程更加合理、高效，使物流的时间范围、空间范围得到扩展。

3. 物流信息化能促使物流标准化

目前，基于信息技术和现代网络技术的现代物流标准化趋势体现在以下三个方面：一是业务流程标准化，二是信息流标准化，三是文件格式标准化。企业的业务流程要体现在信息系统当中，只有把企业的业务流程标准化以后，才有利于信息系统与企业的具体业务结合；信息流标准化的重点是企业各类信息的编码和管理、经营数据和技术数据的标准化问题；文件格式标准化主要是为了解决数据的互联与互通。这三个方面的核心任务是实现数据交换和信息共享，这是信息时代先进企业标准化的一个特点。

随着全球经济一体化进程加快，标准化工作所涉及的领域越来越广泛，发挥的作用也越来越大，国际标准的广泛采用已经成为重中之重，所以标准化已成为企业竞争的重要手段。

任务二 物流信息技术认知

⚒ 任务目标

通过本任务的学习，可以达成以下目标。

知识目标	1. 了解信息技术的概念 2. 了解信息技术的分类 3. 掌握物流信息技术的概念 4. 掌握物流信息技术的分类 5. 了解智慧物流行业的发展趋势
技能目标	1. 能分析射频识别技术的优势及局限性 2. 能辨识物流信息技术的应用场景
思政目标	培养勇于创新的精神

⏱ 任务发布

经过上节课的学习，张江已经了解了物流信息的相关知识。接下来，仓管员老郭带领张江认识公司使用的各项物流信息技术。

请问，张江应该如何快速了解并熟悉常用的物流信息技术？

📍 任务引导

引导问题 1：在日常生活中，你使用过哪些信息技术？尝试举例说明。

引导问题2：什么是物流信息技术？常见的物流信息技术有哪些？

📎 任务工单

物流信息技术认知的任务工单如表1-2-1所示。

表1-2-1　　　　　　　　　　物流信息技术认知的任务工单

任务名称：		
组长：		组员：
任务分工：		
方法、工具：		
任务步骤：		

🛢 任务实施

步骤一：物流信息技术应用辨识。

请写出表1-2-2中图片所示场景需要使用的物流信息技术名称。

表 1 – 2 – 2　　　　　　　　　　　物流信息技术应用辨识

图片	名称

图片	名称
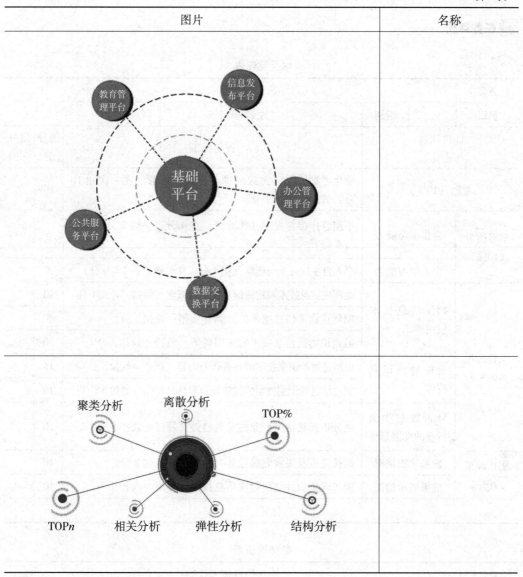	

步骤二：分析射频识别技术的优势及局限性。

请分析射频识别技术的优势及局限性。

步骤三：分析智慧物流行业的发展趋势。

请分析智慧物流行业的发展趋势。

任务评价

学生互评表

任务名称		物流信息技术认知				
班级		组别		姓名		学号	
评价项目 （占比）		评价标准			满分 （分）	得分 （分）
考勤（10%）		学生考勤情况（无故旷课、迟到、早退出现一次扣10分，请假一次扣2分）			10	
学习能力 （10%）	合作学习能力	小组合作参与程度（优6分、良4分、一般2分、未参与0分）			6	
	个人学习能力	个人自主探究参与程度（优4分、良2分、未参与0分）			4	
工作过程 （60%）	物流信息技术应用辨识	能阐述信息技术和物流信息技术的概念（每错一处扣1分）			10	
		能阐述物流信息技术的分类（每错一处扣1分）			5	
		能辨识物流信息技术的应用场景（每错一处扣2分）			10	
	分析射频识别技术	能阐述射频识别技术的主要作业内容（每错一处扣5分）			15	
		能总结射频识别技术的优势及局限性（每错一处扣5分）			10	
	分析智慧物流行业的发展趋势	能分析智慧物流行业的发展趋势（每错一处扣5分）			10	
工作成果 （20%）	成果完成情况	能按规范及要求完成任务（未完成一处扣2分）			10	
	成果展示情况	能正确认识并使用物流信息技术（失误一次扣5分）			10	
总得分						

教师评价表

任务名称		物流信息技术认知				
授课信息						
班级		组别		姓名		学号	
评价项目 （占比）		评价标准			满分 （分）	得分 （分）
考勤（10%）		学生考勤情况（无故旷课、迟到、早退出现一次扣10分，请假一次扣2分）			10	
学习能力 （10%）	合作学习能力	小组合作参与程度（优6分、良4分、一般2分、未参与0分）			6	
	个人学习能力	个人自主探究参与程度（优4分、良2分、未参与0分）			4	

续　表

评价项目 （占比）		评价标准	满分 （分）	得分 （分）
工作过程 （60%）	物流信息技术应用辨识	能阐述信息技术和物流信息技术的概念（每错一处扣1分）	10	
		能阐述物流信息技术的分类（每错一处扣1分）	5	
		能辨识物流信息技术的应用场景（每错一处扣2分）	10	
	分析射频识别技术	能阐述射频识别技术的主要作业内容（每错一处扣5分）	15	
		能总结射频识别技术的优势及局限性（每错一处扣5分）	10	
	分析智慧物流行业的发展趋势	能分析智慧物流行业的发展趋势（每错一处扣5分）	10	
工作成果 （20%）	成果完成情况	能按规范及要求完成任务（未完成一处扣2分）	10	
	成果展示情况	能正确认识并使用物流信息技术（失误一次扣5分）	10	
总得分				

任务反思

在完成任务的过程中，遇到了哪些问题？是如何解决的？

知识学习

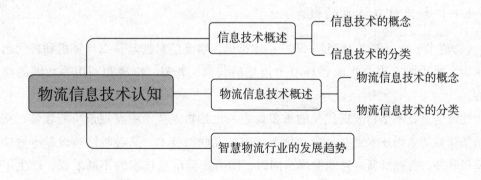

一、信息技术概述

（一）信息技术的概念

信息技术是指利用计算机、广播电视等各种硬件设备及软件工具与科学方法，对

文、图、声、像等各种信息进行获取、加工、存储、传输与使用的技术。

（二）信息技术的分类

1. 传感技术

传感技术是信息的采集技术。传感技术的作用是扩展人们获取信息的感觉器官的功能。传感技术的信息处理包括信号的预处理、后置处理、特征提取与选择等。传感的主要任务是对经过处理的信息进行辨识和分类。在传感过程中，需要利用识别或诊断对象与特征信息之间的关联关系模型，对输入的特征信息集进行辨识、比较、分类和判断。

2. 通信技术

通信技术是信息的传递技术。通信技术的主要功能是实现信息快速、可靠、安全地转移。

3. 计算机技术

计算机技术是信息的处理和存储技术。计算机具有多种多样的信息处理能力，不仅能进行复杂的数学运算，而且能对文字、图像和声音等多种形式的信息进行获取、编辑、转换、展现等。此外，计算机的信息存储容量大、存取速度快。

4. 控制技术

控制技术是信息使用技术，是信息处理过程的最后环节。它包括调控技术、显示技术等。

二、物流信息技术概述

（一）物流信息技术的概念

《物流术语》（GB/T 18354—2021）中指出，物流信息技术是以计算机和现代通信技术为主要手段实现对物流各环节中信息的获取、处理、传递和利用等功能的技术总称。

物流信息技术是物流现代化的重要标志，也是物流技术中发展最快的领域，从数据采集领域的条码技术到办公自动化系统中的互联网技术，从各种终端设备等硬件到计算机软件，都在日新月异地发展。同时，随着物流信息技术的不断发展，产生了一系列新的物流理念和新的物流经营方式，推进了物流的变革。在供应链管理方面，物流信息技术的发展也改变了企业应用供应链管理获得竞争优势的方式，成功的企业通过应用信息技术来支持自己的经营战略并选择自己的经营业务，提高供应链活动的效率，增强整个供应链的经营决策能力。

扫 一 扫

请扫描左侧的二维码，观看视频。

（二）物流信息技术的分类

一般来说，物流信息技术包括自动识别技术、地理分析与动态跟踪技术、电子数据交换技术、数据挖掘技术等。

1. 自动识别技术

《物流术语》（GB/T 18354—2021）中指出，自动识别技术是对字符、影像、条码、声音等记录数据的载体进行机器自动辨识并转化为数据的技术。

自动识别技术能够帮助生产企业快速并准确地掌握各生产环节的物料信息，及时调整生产计划。在仓储管理中可以对每一种货物、每一个库位进行标记，使入库、出库、移库、盘库数据自动上传、更新。目前，应用最广泛的自动识别技术有条码技术和射频识别技术。

（1）条码技术。

条码技术是在计算机和信息技术基础上产生和发展起来的集编码、识别、数据采集、自动录入和快速处理等功能于一体的新兴信息技术。由计算机根据数据库信息进行快速处理，实现物流信息录入简便化、快捷化、准确化。

在条码技术的支持下，可以实现库存自动预警，对低于安全库存的产品及时补进，对临近库存容量的产品进行调库预备，实现动态化仓库管理；可以对不同产品实施个性化存储方案，根据产品保存期限、入库时间、存储要求，针对性地管理；可以对仓库进行监控，根据产品的在库位置、存放时间等参数，自动对不合理位置、超长存放时间、空间余量不足等规定的情况进行报警，有效提高仓库利用率；可以对产品损毁情况进行实时统计，重新安排生产、运输、补货计划，最大可能地提高产品损毁统计效率，将各种损失减少到最小程度。这一功能在冷链物流、危险品物流中有着更显著的作用。

条码扫描仪和条码打印机分别如图 1-2-1 和图 1-2-2 所示。

图1-2-1　条码扫描仪

图1-2-2　条码打印机

（2）射频识别技术。

《物流术语》（GB/T 18354—2021）中指出，射频识别是在频谱的射频部分，利用电磁耦合或感应耦合，通过各种调式和编码方案，与射频标签交互通信唯一读取射频标签身份的技术。

根据工作频率不同，射频标签可以分为低频射频标签、高频射频标签、超高频射频标签和微波射频标签等不同种类。射频识别技术可以实现加工过程中的动态识别，对生产线上的原材料、零部件、半成品以及产成品实时监控，及时调整生产计划、物料供应计划。

在运输环节，各个装有射频识别接收装置的站点可以在不停顿、无人值守情况下，识别与采集货物、车辆的信息。车载射频读写器能够在叉车的任意位置读取射频标签，与托盘射频标签、地点识别设备配合使用，能够在装卸货物的同时读取托盘位置信息、货物信息、叉车行驶路径，并自动更新库存信息。

相较于条码技术，射频识别技术具有非接触性、工作距离长、适用于恶劣环境、多目标识别等优点。

2. 地理分析与动态跟踪技术

地理分析与动态跟踪技术是指在识别技术共同作用的基础上，再借助地理信息系统（GIS）、全球定位系统（GPS）等定位与通信技术，实时更新货物、运输设备等空间和时间上的信息，对物流状况进行动态反映的技术。通过地理分析与动态跟踪技术能够掌握物流最新动态，及时反馈给各个信息需求方，尽早制定各项物流预备方案及生产方案，提高物流服务质量。

（1）地理信息系统。

《物流术语》（GB/T 18354—2021）中指出，地理信息系统（Geographical Information System，GIS）是在计算机技术支持下，对整个或部分地球表层（包括大气层）空间中的有关地理分布数据进行采集、储存、管理、运算、分析、显示和描述的系统。

GIS是将物流识别与追踪定位技术同物流信息平台融合的一项重要技术，GIS能够应用于科学调查、资源管理、财产管理、路线规划等方面。例如，自然灾害发生时，应急计划者利用 GIS 能容易地计算出应急反应时间。

另外，还可以利用 GIS 强大的地理数据功能完善物流分析技术，能更容易地处理物流各环节所涉及的问题，如运输路线的选择、仓库位置的选择、仓库的容量设置、运输车辆的调度等，从而进行有效管理和决策分析。

（2）全球定位系统。

《物流术语》（GB/T 18354—2021）中指出，全球定位系统（Global Positioning System，GPS）是以人造卫星为基础、24 小时提供高精度的全球范围的定位和导航信息的系统。

GPS 是一种集航天、通信、计算机和网络技术于一体的综合技术，GPS 借助通信网络基础，实现定位监控、双向通信、动态调动功能。定位监控功能能够实现对物流运输过程的掌控，特别是实时监控运输工具的地理位置和状态。根据动态反馈的运输信息，物流企业可以调整物流计划，解决物流管理中的瓶颈问题，降低管理成本。

GPS 通过地理分析与动态跟踪技术，能根据自然状况的改变及时调整预设运输路线，以节约运输成本。此外，地理分析与动态跟踪技术还强化了运输货物的安全性，保障了客户的利益。

3. 电子数据交换技术

《物流术语》（GB/T 18354—2021）中指出，电子数据交换（Electronic Data Interchange，EDI）是采用标准化的格式，利用计算机网络进行业务数据的传输和处理。

EDI 用户需要按照国际通用的消息格式发送信息，接收方也需要按照国际统一规定的语法规则，对消息进行处理，并引起其他相关系统的 EDI 综合处理。EDI 传递方式是一种通过计算机网络交换信息的电子化方式，它采用商定的标准来处理信息结构。整个过程都是自动完成的，无须人工干预，从而减少了差错，提高了效率。

应用于物流领域的 EDI 被称为物流 EDI，是指物流活动参与单位运用 EDI 系统进行物流数据交换，并以此为基础实施物流作业的方法。通过物流 EDI，供应链各组成方可共享基于标准化信息格式和处理方法的信息。物流 EDI 是连接各个物流技术系统的纽带，是在计算机网络、通信网络、物流节点之间搭建物流信息平台不可缺少的基础性技术。

4. 数据挖掘技术

数据挖掘技术是一种新的商业信息处理技术，其主要特点是对商业数据库中的大量业务数据进行抽取、转换、分析和其他模型化处理，从中提取辅助商业决策的关键性数据。提取隐含在其中的、以前不知道的可操作性信息是一种知识挖掘过程。通过挖掘潜在有用的信息，可以有效地进行物流预测，并为决策支持系统提供分析信息。决策支持系统根据决策所需信息，明确决策目标，建立决策模型，提供各种备选方案，并对各种方案进行评估和优选。决策支持系统具备对物流市场进行有效预测分析、论证优化运输路线、合理配载运输工具、合理调度运输设备、优化仓库库存、优化配送中心分布等功能，以科学手段支持物流决策，提高决策质量。

三、智慧物流行业的发展趋势

智慧物流是指以科学合理的管理方式实现物流的自动化、可控化、智能化及网络化。随着信息技术的不断发展和国家政策的推动，实现智慧物流的同时更好地提高资源利用率与经验管理水平成为发展现代物流的大方向。

1. 物流互联网逐步形成

近年来，随着移动互联网的快速发展，大量物流设施通过传感器接入互联网。目前，我国已经有几百万辆重载货车安装北斗定位装置，还有大量托盘、集装箱、仓库和货物接入互联网。以信息互联、设施互联带动物流互联，物流互联网逐步形成，物流在线化是智慧物流的前提条件。

2. 物流大数据得到应用

物流在线化产生大量业务数据，使物流大数据从理念变为现实，数据驱动的商业模式推动产业智能化变革，大幅度提高生产效率。通过对物流大数据进行处理与分析，挖掘对企业运营管理有价值的信息，从而科学合理地进行管理决策，是物流企业的普遍需求，其典型场景包括数据共享、销售预测、网络规划、库存部署及行业洞察等。

3. 物流云服务强化保障

依托大数据和云计算能力，通过物流云服务高效整合和调度资源，并为各个参与方按需提供信息系统及算法应用服务是智慧物流的核心功能。物流云服务为物流大数据提供了重要保障，"业务数据化"正成为智慧物流的重要基础。

4. 协同共享助推模式创新

智慧物流的核心是协同共享，这是信息社会区别于传统社会，并将爆发出最大创新活力的理念源泉。协同共享理念提倡分享使用权而不占有所有权，打破了传统企业边界，深化了企业分工协作，实现了存量资源的社会化转变和闲置资源的最大化利用。

近年来，"互联网＋"物流服务成为贯彻协同共享理念的典型代表。互联网技术和互联网思维的利用，可推动互联网与物流业深度融合，重塑产业发展方式和分工体系，为物流企业转型提供方向，其典型场景包括"互联网＋高效运输""互联网＋智能仓储""互联网＋便捷配送"及"互联网＋智能终端"等。

5. 人工智能正在起步

以人工智能为代表的物流技术服务是应用物流信息化、自动化和智能化技术实现高效率、低成本物流作业的物流企业较为迫切的现实需求。其中，人工智能通过赋能物流各环节、各领域，实现智能配置物流资源、智能优化物流环节及智能提升物流效率。特别是在无人驾驶、无人仓储、无人配送等人工智能的前沿领域，一批领先企业已经开始开展试验并应用。

✏️ 思政提升

专利的由来与起源

专利（Patent）一词来源于拉丁语 Litterae Patentes，意为公开的信件或公共文献，是中世纪的君主用来颁布某种特权的证明，而现代社会的专利指的是世界上最大的科技信息源。根据大量的数据统计分析，专利包含了 90%～95% 的世界科技信息，这个数据足以说明专利是一个含金量极高的"富金矿"。

世界上最早建立专利制度的国家是中世纪的威尼斯共和国，它于 1474 年颁布了世界上第一部专利法。但是，这部专利法内容相当简单和粗糙，而且带有封建特权色彩，不能与现代专利法相比，只能被认为是萌芽阶段专利法的雏形，因此，这部专利法未给后人留下太多的影响。

具有现代特点的专利制度是 17 世纪以来随着资本主义经济的不断发展和资本主义生产方式的牢固建立逐步形成、发展起来的。英国于 1624 年颁布了《垄断法》，这部法律被人们称为"现代专利法之始"。它的基本原则和某些规定直至后来仍被许多国家在制定专利法时仿效借鉴。因此，一般认为现代专利制度史，是从英国颁布这一部法律起算的。

从字面上看，专利可以解读为专有或专属的权利，也可以说是一种专有或专属的利益，是人类长期从事商业交流和竞争中产生出来的一种约定，最终成为一种制度，并以法律的形式加以保证。而从知识产权的角度来看，专利涉及以下三个方面的含义。

第一，专利是专利权的简称，指专利权人对发明创造享有的专利权，即国家依法在一定时期内授予发明创造者或者其权利继受者独占使用其发明创造的权利。

第二，受到专利法保护的发明创造，即专利技术，是受国家认可并在公开的基础上进行法律保护的专有技术。

第三，专利局颁发的确认申请人对其发明创造享有的专利权的专利证书，或指记载发明创造内容的专利文献，指的是具体的物质文件，如专利证书等。

一个国家依照其专利法授予的专利权，仅在该国法律的管辖范围内有效，对其他国家没有任何约束力，其他国家对其专利权不承担保护的义务。如果一项发明创造只在我国取得专利权，那么专利权人只在我国享有独占权或专有权。

专利权的法律保护具有时效性。中国的发明专利权期限为二十年，实用新型专利权和外观设计专利权期限为十年，均自申请日起计算。

因此，作为年轻人，我们应该心怀梦想、勇于创新、精益求精，迎接一个又一个的挑战，创造一个又一个奇迹。

☀ 扫一扫

请扫描左侧的二维码，阅读材料。

任务实施参考答案

步骤一：物流信息技术应用辨识。

请写出表1-2-2中图片所示场景需要使用的物流信息技术名称（见表1-2-3）。

表1-2-3　　　　　　　　　　物流信息技术应用辨识

图片	名称
	条码技术

图片	名称
	射频识别技术
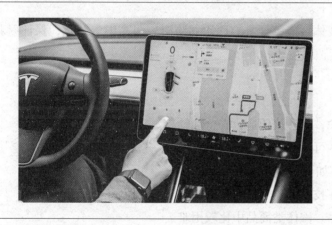	全球定位系统
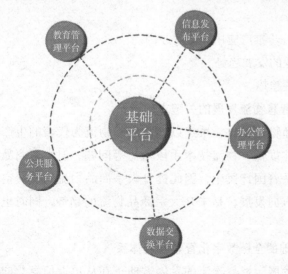	电子数据交换技术

续　表

图片	名称
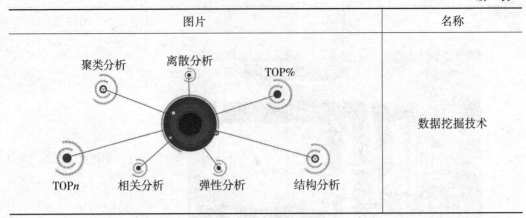	数据挖掘技术

步骤二：分析射频识别技术的优势及局限性。

请分析射频识别技术的优势及局限性。

射频识别技术的优势如下。

（1）射频识别技术的载体一般都要具有防水、防磁、耐高温等特点，保证射频识别技术在应用时具有稳定性。

（2）可存储信息量大。

（3）使用寿命长。

（4）同时设有密码保护，不易被伪造，安全性较高。

（5）射频识别距离长，可达几十厘米至几米。

射频识别技术的局限性如下。

（1）出现时间较短，在技术上还不是非常成熟。

（2）应用在金属类商品、液体类商品中比较困难。

（3）技术标准不统一。

（4）成本较高是阻碍其进一步推广应用的主要原因。

步骤三：分析智慧物流行业的发展趋势。

请分析智慧物流行业的发展趋势。

1. 大宗商品物流有望成为智慧物流发展的关键方向

近年来，与电子商务、快递物流相比，虽然以大宗商品物流为代表的生产资料物流存在发展相对缓慢、行业关注度低、物流技术手段落后等问题，但大宗商品种类超千种，是国民经济的基石，关系着国计民生，因此提升大宗商品物流的发展空间和潜力，使大宗商品物流朝智慧化方向发展，是未来大宗商品物流的趋势，同时也是智慧物流行业发展的必然趋势。

2. 建设以绿色、低碳为基础的全链数字化智慧物流体系

随着中国物流行业的快速发展，智慧物流的发展方向正在从单点信息化向全链数

字化方向转变，同时由于碳排放增长量与物流运行发展呈现较强的关联性，因此需要将可持续发展、绿色物流、低碳排放等理念贯穿于全链数字化的各环节中，在提高供应链要素利用率的同时，还需要持续关注碳排放对环境的影响。

3. 智慧物流仍需进一步完善，发展高效物流新模式

高智能、全覆盖、高柔性是未来智慧物流行业发展的方向，但目前我国智慧物流仍存在政府支持力度不够、监管机制不完善、技术应用范围不广、专业人才缺乏等问题，为了使智慧物流更加成熟，需要对发展方向、人才培养、政策支撑等多方面提出相应的建议，促进智慧物流健康发展。

任务三　物流信息系统认知

任务目标

通过本任务的学习，可以达成以下目标。

知识目标	1. 掌握物流信息系统的概念 2. 掌握物流信息系统的构成 3. 掌握物流信息系统的分类 4. 了解物流信息系统的功能 5. 了解物流信息系统的作用
技能目标	1. 能阐述物流信息系统的产生背景 2. 能辨识物流信息系统
思政目标	树立整体观、全局观

任务发布

为了让张江更好地了解物流信息系统，江苏飞力物流管理有限公司 IT（信息技术）部的同事对物流信息系统的功能和作用做出全面介绍，并现场进行了操作演示。事后，仓管员老郭要求张江围绕物流信息系统的概念、构成、分类、功能、作用及发展趋势做一份总结报告。

请问，张江应该如何完成这个任务呢？

任务引导

引导问题1：什么是物流信息系统？常见的物流信息系统有哪些？

引导问题 2：在日常生活中，你使用过哪些物流信息系统？尝试举例说明。

📎 任务工单

物流信息系统认知的任务工单如表 1 – 3 – 1 所示。

表 1 – 3 – 1 物流信息系统认知的任务工单

任务名称：	
组长：	组员：
任务分工：	
方法、工具：	
任务步骤：	

📱 任务实施

步骤一：分析物流信息系统的产生背景。

请分析物流信息系统的产生背景。

步骤二：辨识物流信息系统。

请写出表 1 – 3 – 2 中各场景需要使用的物流信息系统。

表 1 – 3 – 2   **辨识物流信息系统**

场景	需要使用的物流信息系统

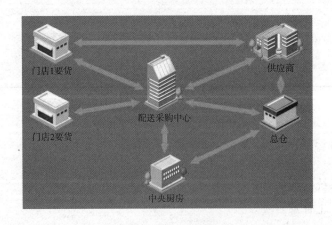	

续　表

场景	需要使用的物流信息系统
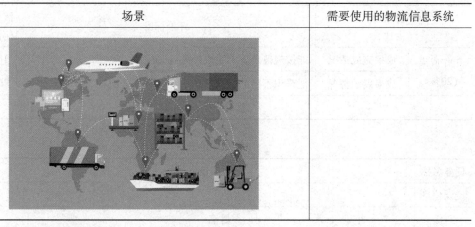	

注：OEM 商为原厂委托制造商，ASN 为提前发货通知，JIT 为准时制，VMI 为供应商管理库存，3PL 为第三方物流，PO 为采购订单，KANBAN 为看板。

步骤三：分析物流信息系统的发展趋势。

请分析物流信息系统的发展趋势。

📍 **任务评价**

学生互评表

任务名称			物流信息系统认知				
班级		组别		姓名		学号	
评价项目 （占比）		评价标准				满分 （分）	得分 （分）
考勤（10%）		学生考勤情况（无故旷课、迟到、早退出现一次扣 10 分，请假一次扣 2 分）				10	
学习能力（10%）	合作学习能力	小组合作参与程度（优 6 分、良 4 分、一般 2 分、未参与 0 分）				6	
	个人学习能力	个人自主探究参与程度（优 4 分、良 2 分、未参与 0 分）				4	
工作过程（60%）	分析物流信息系统的产生背景	能阐述物流信息系统的概念（每错一处扣 1 分）				10	
		能阐述物流信息系统的构成（每错一处扣 1 分）				5	
		能对物流信息系统进行分类（每错一处扣 2 分）				10	
	辨识物流信息系统	能阐述物流信息系统的功能（每错一处扣 5 分）				15	
		能总结物流信息系统的作用（每错一处扣 5 分）				10	
	分析物流信息系统的发展趋势	能分析物流信息系统的发展趋势（每错一处扣 5 分）				10	

续　表

评价项目（占比）		评价标准	满分（分）	得分（分）
工作成果（20%）	成果完成情况	能按规范及要求完成任务（未完成一处扣2分）	10	
	成果展示情况	能辨识不同的物流信息系统（失误一次扣5分）	10	
总得分				

教师评价表

任务名称			物流信息系统认知				
授课信息							
班级		组别		姓名		学号	

评价项目（占比）		评价标准	满分（分）	得分（分）
考勤（10%）		学生考勤情况（无故旷课、迟到、早退出现一次扣10分，请假一次扣2分）	10	
学习能力（10%）	合作学习能力	小组合作参与程度（优6分、良4分、一般2分、未参与0分）	6	
	个人学习能力	个人自主探究参与程度（优4分、良2分、未参与0分）	4	
工作过程（60%）	分析物流信息系统的产生背景	能阐述物流信息系统的概念（每错一处扣1分）	10	
		能阐述物流信息系统的构成（每错一处扣1分）	5	
		能对物流信息系统进行分类（每错一处扣2分）	10	
	辨识物流信息系统	能阐述物流信息系统的功能（每错一处扣5分）	15	
		能总结物流信息系统的作用（每错一处扣5分）	10	
	分析物流信息系统的发展趋势	能分析物流信息系统的发展趋势（每错一处扣5分）	10	
工作成果（20%）	成果完成情况	能按规范及要求完成任务（未完成一处扣2分）	10	
	成果展示情况	能辨识不同的物流信息系统（失误一次扣5分）	10	
总得分				

任务反思

在完成任务的过程中，遇到了哪些问题？是如何解决的？

知识学习

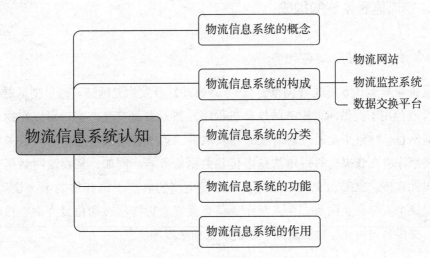

物流信息系统认知
- 物流信息系统的概念
- 物流信息系统的构成
  - 物流网站
  - 物流监控系统
  - 数据交换平台
- 物流信息系统的分类
- 物流信息系统的功能
- 物流信息系统的作用

一、物流信息系统的概念

物流信息系统（Logistics Information System，LIS）是指由人员、设备和程序组成的，为物流管理者履行计划、实施、控制等职能提供信息的交互系统，它与物流作业系统一样都是物流系统的子系统。

对一个企业而言，物流信息系统不是独立存在的，而是企业信息系统的一部分，或者说是企业信息系统的子系统，对一个专门从事物流服务的企业来说也是如此。物流信息系统是建立在物流信息的基础上的，只有具备了大量的物流信息，物流信息系统才能发挥作用。在物流管理过程中，人们要寻找最经济、最有效的方法来克服生产和消费之间的时间距离和空间距离，就必须传递和处理各种与物流相关的情报，这种情报就是物流信息。

在企业的整个生产经营活动中，物流信息系统与物流作业活动密切相关，具有有效管理物流作业系统的职能。

扫一扫

请扫描左侧的二维码，观看视频。

二、物流信息系统的构成

（一）物流网站

物流企业基于 B/S 模式（浏览器/服务器模式）开发物流网站，通过浏览器与 Web 服务器（专门用于提供网页服务的计算机程序）进行数据交互。客户可以在物流网站查询所需信息，物流企业通过通信服务器获取客户请求查询的信息。Web 服务器通过数据交换程序将在线提交的订单信息上传到数据服务器。例如，某物流网站是××快运公司对外宣传、服务和交流的载体，为方便更多的客户了解和加盟××快运公司，该网站提供个人与企业注册、个人与企业信息发布、货物状态和位置查询、在线反馈等服务，提供公司简介、物流新闻、物流政策和法规等信息。

（二）物流监控系统

通常，物流监控系统由 GPS 定位卫星、安装在每辆车上的车载 GPS 移动设备、GSM/GPRS（全球移动通信系统/通用分组无线服务）通信网络、物流监控调度中心［GPS 服务器和 Map 服务器（地图服务器）］组成。GPS 服务器用于和车载 GPS 移动设备的数据交互，并将解析的位置信息传送到 Map 服务器，实现在地图上的定位。物流监控调度中心根据车载 GPS 移动设备反馈的实时路况信息，选择最优配送线路，实现最高效的配送目标，并通过数据交换程序将货物的位置信息传输到 Web 服务器，以方便客户进行在线货物的位置查询。某公司物流监控系统示意如图 1 - 3 - 1 所示。

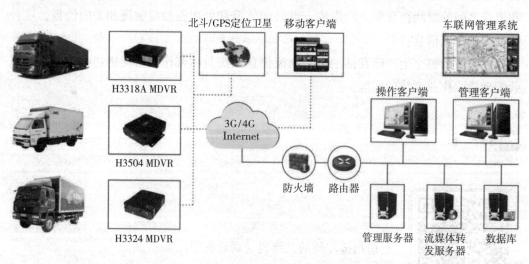

图 1 - 3 - 1 某公司物流监控系统示意

注：MDVR 为车载视频终端。

（三）数据交换平台

数据交换平台主要实现物流网站、物流监控系统之间的跨平台业务流程处理和数据交换，数据以规范的 XML（用于标记电子文件使其具有结构的可扩展标记语言）文档采用 Web Services 技术（跨编程语言和跨操作系统平台的远程调用技术）实现数据的共享与交换。数据交换平台主要可完成公司总部和下属网点的管理信息系统（MIS）与数据服务器之间的数据交换，如详情单、委托书的数据交换；数据服务器与 Web 服务器之间的数据交换，如客户在线提交的订单、货物状态的数据交换；GPS 服务器与 Web 服务器之间的数据交换，如货物位置、车辆调度的数据交换。

三、物流信息系统的分类

1. 按物流环节分类

按物流环节进行分类，可将物流信息系统分为运输管理信息系统、仓储管理信息系统、配送管理信息系统和采购管理信息系统。

2. 按管理决策层次分类

按管理决策层次进行分类，可将物流信息系统分为物流作业管理系统（包括订单管理、出入库管理、货物库存管理、货物运输管理、货物加工管理、车辆管理等）、物流协调控制系统（包括仓储调度、车辆调度、成本控制、线路选择、设备管理、资产管理等）和物流决策支持系统。

3. 按系统应用对象分类

按系统应用对象进行分类，可将物流信息系统分为面向供应商的物流信息系统、面向制造企业的物流信息系统、面向零售商的物流信息系统和面向物流企业的物流信息系统等。

4. 按系统采用的技术分类

按系统采用的技术进行分类，可将物流信息系统分为单机系统、内部网络系统、与合作伙伴/客户互联的系统等。

四、物流信息系统的功能

物流信息系统使订单管理、车辆管理等操作变得更简便快捷，做到了物流活动的透明化管理，达到降低物流信息成本，提高物流管理效率的目标。

通常，可以将其功能归纳为以下几个方面。

1. 数据收集

物流数据的收集首先是将数据通过收集子系统收集到预处理系统中，并整理成为预处理系统要求的格式和形式，然后再通过其他相关子系统输入物流信息系统。这一

过程是其他功能发挥作用的前提和基础，如果一开始收集和输入的数据不完整或不正确，接下来得到的结果就可能与实际情况完全相反，这将导致严重的后果。因此，在衡量一个物流信息系统的性能时，应注意其收集数据的完整性、准确性，以及校验能力和预防与抵抗破坏的能力等。

2. 信息存储

物流数据经过收集和输入后，在其得到处理之前，必须在物流信息系统中存储下来。物流信息系统的存储功能就是要保证已得到的物流数据能够不丢失、不走样、不外泄、整理得当、随时可用。无论哪一种物流信息系统，在涉及信息的存储问题时，都要考虑存储量、信息格式、存储方式、使用方式、存储时间、安全保密等问题。如果这些问题没有妥善解决，物流信息系统是不可能投入使用的。

3. 信息传输

物流信息在物流信息系统中，一定要准确、及时地传输到各个环节，否则就会失去其使用价值，这就需要物流信息系统具有克服空间障碍的功能。在物流信息系统实际运行前，必须充分考虑其所要传递信息的种类、数量、频率、可靠性要求等因素。只有这些因素符合物流信息系统的实际需要时，物流信息系统才具备实际使用价值。

4. 信息处理

物流信息系统的根本目的是要将输入的数据加工处理成物流信息系统所需要的物流信息。数据和信息是有所不同的，数据是得到信息的基础，但数据往往不能直接被利用。信息由数据加工后得到，它可以直接被利用。只有得到了具有实际使用价值的物流信息，物流信息系统才算发挥作用。

5. 信息输出

信息输出是物流信息系统的最后一项功能，只有在实现了这项功能后，物流信息系统的任务才算完成。信息的输出必须采用便于人或计算机理解的形式，在输出形式上力求易读、易懂、直观醒目。

以上这五项功能是物流信息系统的基本功能，缺一不可。而且，只有这五项功能都发挥作用，最后得到的物流信息才具有实际使用价值，否则会造成严重的后果。

五、物流信息系统的作用

物流信息系统的作用主要体现在以下五个方面。

第一，物流信息系统的应用有利于提高物流活动的有效性。在信息不充分的情况下，物流活动得不到足够的信息支持。比如，货物不必要的流动造成资源的浪费，货物运输没有选择最短的线路造成不必要的损失。而信息充分的情况下，科学地计划和组织物流活动，能够使物流活动合理运作，使物流活动产生最大的经济效应和社会效应。

第二，物流信息系统的应用有利于提高物流活动的效率。物流信息系统是一个复杂的、庞大的系统，分为很多的子系统，同时各子系统密切地交织在一起。物流信息系统充分应用现代信息技术，提高整个物流系统的信息化水平，从而提高物流活动各环节的运行效率。

第三，物流信息系统的应用有利于物流服务能力的提升。由于信息被及时、全面地获取与加工，供需双方可以充分地共享信息，物流服务更准确，客户满意度提高。同时，客户可以有更多自我服务功能，可以决定何时、何地、以何种方式获得定制的物流服务。另外，物流企业在提供物流服务时，还可以为客户提供其他增值服务。

第四，物流信息系统的应用有利于提高物流运作的透明度。物流信息系统利用现代信息技术，使物流过程中货物的状态透明化，使物流成本和费用的实际情况更容易被掌握，从而增强了信息的准确性。同时由于及时掌握动态信息，物流企业可以根据情况做出快速而有效的反应，实现物流运作的动态决策。

第五，物流信息系统的应用有利于促进物流服务与技术的创新。物流信息系统的应用不仅有利于充分利用现有资源、提高物流活动的有效性，而且有利于提升物流服务能力，最主要的作用是可从整体上提高物流效率。物流信息系统在应用过程中也不断提出更高的要求，推动信息技术的创新，形成一个相互促进的循环过程。

☀ 扫一扫

请扫描左侧的二维码，阅读材料。

✏ 思政提升

田忌赛马

《田忌赛马》算得上是耳熟能详的智慧故事，主要揭示的道理是如何树立全局观，通过自身的优势去应对对手的劣势。

在田忌与齐威王的第一局比赛中，孙膑教田忌以自己的三等马对抗齐威王的一等马，结果自然是惨败而归，但这一场败局却是决定整场赛事成败的关键。

在赛马的第一局遭受挫败时，田忌略显失落，齐威王扬扬得意，只有孙膑清楚地知道，他要的是最终的胜利，一局的成败无关紧要。对抗强敌的方式并非只有"以强制强"，"示弱"也许只是为了更好地发力，只要将全局成败置于心中，细枝末节的胜负无须斤斤计较。

在接下来的两局比赛中，田忌以一等马和二等马分别对战齐威王的二等马和三等马，这是明显的"以强制弱"战略，以自己的优势对抗敌人的弱势，自然胜券在握。

田忌赛马之所以能成功，也是得益于孙膑的全局观。

发展物流业，必须树立全局观念，把运输、仓储、货代、信息等产业统筹起来，改变物流企业"小、散、弱"的格局，实现物流业整体发展的最优目标。

任务实施参考答案

步骤一：分析物流信息系统的产生背景。

请分析物流信息系统的产生背景。

1. 市场竞争加剧

在当下的贸易环境中，基本上都是买方市场，由消费者来选择购买哪个企业生产的产品，消费者基本上有完全的决策自由。而市场上生产同一产品的企业多如牛毛，企业要想在激烈的竞争中胜出，就必须不断地推陈出新，以较低的成本迅速满足消费者时刻变化着的消费需求，而这需要快速反应的物流信息系统。物流信息系统要实现快速反应，信息反馈必须及时，这必然要求企业建立自己的物流信息系统。

2. 供应链管理的发展

现代企业间的竞争在很大程度上表现为供应链之间的竞争，而在整个供应链中环节较多，信息相对来说比较复杂，企业之间沟通起来就困难得多。各环节要想自由沟通，达到信息共享，建立物流信息系统就势在必行。

3. 社会信息化

计算机技术的迅速发展，网络的广泛延伸，使整个社会进入了信息时代，企业只有融入信息社会，才可能有较大的发展。更何况，现代信息技术的发展已经为信息系统的开发打下了坚实的基础。企业作为社会的一员，物流业作为一种社会服务行业，必然要建立专业的物流信息系统。

步骤二：辨识物流信息系统。

请写出表1-3-2中各场景需要使用的物流信息系统（见表1-3-3）。

表 1 – 3 – 3	辨识物流信息系统
场景	需要使用的物流信息系统
	仓库管理系统（WMS）
	供应链管理系统（SCM）
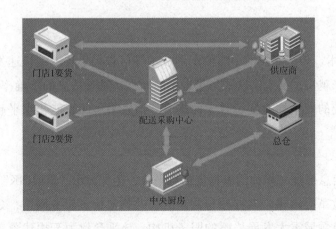	配送管理系统（DMS）

续 表

场景	需要使用的物流信息系统
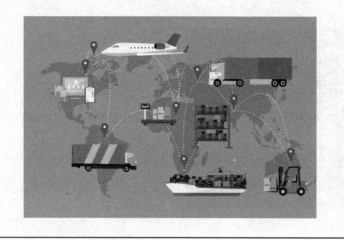	运输管理系统（TMS）

步骤三：分析物流信息系统的发展趋势。

请分析物流信息系统的发展趋势。

1. 开发构件化

将应用系统划分为各个构件，每一个构件完成特定的功能，分散开发，然后组合打包形成各种应用系统，这样可以最大限度地实现代码复用。构件是组成系统模板、结构框架的基本元素，也是代码复用的基本单元。构件具有面向对象特性、支持复用、高集成性和低耦合性的特点。根据物流活动的作业流程，将作业内容相关性较大者统一于物流信息系统的某一个或某几个功能模块，将其对应于各管理系统，从而构建出物流信息系统与构件库的结构关系。构件库的各模块之间不是孤立的，而是相互关联的。

2. 采集智能化

随着条码技术、RFID技术、传感器技术、图像识别技术等信息采集技术的快速发展，物流信息的采集速度越来越快，物流信息采集量也不断增加。物流信息的准确率、物流系统的安全性及物流作业的效率均得到了很大的提升，信息采集的智能化水平越来越高。

3. 使用平台化

国家交通运输物流公共信息平台（简称国家物流信息平台，英文标识"LOGINK"）是由交通运输部和国家发展改革委牵头，多方参与共建的公共物流信息服务网络，是一个政府主导、承载国家物流领域重大发展战略的服务机构。该平台致力于构建覆盖全国且辐射国际的物流信息服务基础设施、覆盖全产业链的数据仓库和国家级综合服务门户，有效实现国际间、区域间、行业间、运输方式间、政企间、企业间的物流信息安全、可控、顺畅共享，逐步汇集物流业内和上下游相关行业的国内外静态、动态数据信息，提供公共、基础、开放、权威的物流公共信息服务，形成物流信息服务的良好生态基础，从而促进我国物流业向绿色、高效方向全面升级。除此之外，全国各地也都在积极建立大型物流信息平台，如湖南交通物流信息共享平台。

4. 信息可视化

可视化物流信息系统主要由 GPS 定位卫星组、运输车辆、GSM/GPRS 通信网络、RFID 阅读器组、GPS 定位终端、RFID 电子标签、控制中心等部分相互协调、有机组成。可视化物流信息系统具有多种优势：实现数据的实时集成；对货物的数量、品种、地点等实现全过程监控；通过 GPS 实现物流信息系统全过程中各角色间的信息回流与沟通；实现订货、作业、招标、监控等业务管理的信息化；为企业建立物流数据仓库，并对相应的物流信息进行梳理和挖掘，形成决策支持系统。

项目二　采购/销售信息技术

任务一　电子订货系统

🛠 任务目标

通过本任务的学习，可以达成以下目标。

知识目标	1. 掌握电子订货系统的概念 2. 掌握电子订货系统的构成 3. 掌握电子订货系统的特点 4. 掌握电子订货系统的分类 5. 了解电子订货系统的作用 6. 了解电子订货系统的操作流程
技能目标	1. 能使用电子订货系统在线下单 2. 能使用电子订货系统处理订单
思政目标	树立以人为本的服务意识

🕐 任务发布

龙江电子商务有限公司（以下简称龙江电子）是一家集生产、销售于一体的中型电子商务企业，经营的产品主要是日用百货，包含洗发水、沐浴露、洗面奶等产品，与全国多家百货门店均有合作。

为了提高订单处理效率且更好地服务客户，龙江电子采用易订货系统进行订单管理，客户只需登录易订货系统下单即可，无须再重复沟通与核对，节省了大量时间，大大提高了工作效率。

2022年7月22日，佳木斯百货店（以下简称佳木斯店）店长李阳准备向龙江电子采购洗发水20瓶，王鑫负责处理该订单。

请问，李阳和王鑫应该如何完成本次系统下单与订单处理呢？

任务引导

引导问题1：什么是电子订货系统？常见的电子订货系统有哪些？

引导问题2：在日常生活中，你使用过哪些电子订货系统？尝试举例说明。

任务工单

电子订货系统的任务工单如表2-1-1所示。

表2-1-1 电子订货系统的任务工单

任务名称：	
组长：	组员：
任务分工：	
方法、工具：	
任务步骤：	

任务实施

步骤一：登录易订货系统。

请注册账号并登录易订货系统。

步骤二：添加基础信息。

请在易订货系统中添加基础信息。

步骤三：在易订货系统里下单。

请登录客户端下单。

步骤四：完成订单处理。

请登录公司系统完成订单处理。

任务评价

学生互评表

任务名称			电子订货系统				
班级		组别		姓名		学号	
评价项目（占比）			评价标准			满分（分）	得分（分）
考勤（10%）			学生考勤情况（无故旷课、迟到、早退出现一次扣10分，请假一次扣2分）			10	
学习能力（10%）	合作学习能力		小组合作参与程度（优6分、良4分、一般2分、未参与0分）			6	
	个人学习能力		个人自主探究参与程度（优4分、良2分、未参与0分）			4	
工作过程（60%）	登录软件		能阐述电子订货系统的概念和作用（每错一处扣1分）			10	
			能阐述电子订货系统的构成（每错一处扣1分）			10	
			能登录电子订货系统并注册账号（每错一处扣2分）			10	
	维护基础信息		能在电子订货系统中维护基础信息（每错一处扣5分）			10	
	系统下单		能进入电子订货系统完成下单（每错一处扣5分）			10	
	订单处理		能在电子订货系统中处理客户的订单（每错一处扣5分）			10	
工作成果（20%）	成果完成情况		能按规范及要求完成任务（未完成一处扣2分）			10	
	成果展示情况		能使用电子订货系统在线下单及处理订单（失误一次扣5分）			10	
总得分							

教师评价表

任务名称			电子订货系统				
授课信息							
班级		组别		姓名		学号	
评价项目（占比）		评价标准				满分（分）	得分（分）
考勤（10%）		学生考勤情况（无故旷课、迟到、早退出现一次扣10分，请假一次扣2分）				10	
学习能力（10%）	合作学习能力	小组合作参与程度（优6分、良4分、一般2分、未参与0分）				6	
	个人学习能力	个人自主探究参与程度（优4分、良2分、未参与0分）				4	
工作过程（60%）	登录软件	能阐述电子订货系统的概念和作用（每错一处扣1分）				10	
		能阐述电子订货系统的构成（每错一处扣1分）				10	
		能登录电子订货系统并注册账号（每错一处扣2分）				10	
	维护基础信息	能在电子订货系统中维护基础信息（每错一处扣5分）				10	
	系统下单	能进入电子订货系统完成下单（每错一处扣5分）				10	
	订单处理	能在电子订货系统中处理客户的订单（每错一处扣5分）				10	
工作成果（20%）	成果完成情况	能按规范及要求完成任务（未完成一处扣2分）				10	
	成果展示情况	能使用电子订货系统在线下单及处理订单（失误一次扣5分）				10	
总得分							

任务反思

在完成任务的过程中，遇到了哪些问题？是如何解决的？

知识学习

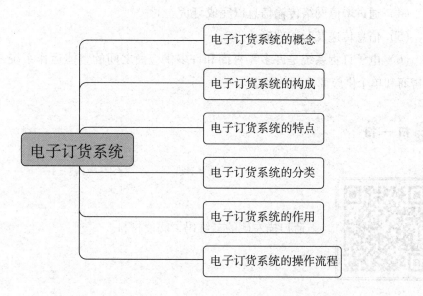

一、电子订货系统的概念

《物流术语》（GB/T 18354—2021）中指出，电子订货系统（Electronic Ordering System，EOS）是不同组织间利用通信网络和终端设备进行订货作业与订货信息交换的系统。常见的电子订货系统有易订货、订货宝等。

在当前竞争日益激烈的时代，想要有效管理企业的收货、发货等经营活动，并且在要求供货商及时补足商品且不能有缺货的前提下，就必须采用电子订货系统。电子订货系统涵盖了许多先进的管理手段和方法，已经引起了物流企业的高度重视。

二、电子订货系统的构成

电子订货系统并非单个的零售商与单个的供应商组成的系统，而是由许多零售商和许多供应商组成的大系统。

电子订货系统采用电子手段完成供应链上从零售商到供应商的产品交易。因此，电子订货系统必须包括供应商（商品的制造者或供应者）、零售商（商品的销售者或需求者）、增值网络（用于传输订货信息）、计算机系统（用于产生和处理订货信息）。

三、电子订货系统的特点

电子订货系统在零售商和供应商之间建立起了一条高速通道，使双方能及时沟通，订货周期大大缩短，既保证了商品的及时供应，又加快了资金的周转，实现了零库存战略。

电子订货系统通常具有以下特点。

（1）商业企业内部计算机系统应用功能完善，能及时产生订货信息。

（2）销售时点系统与电子订货系统高度结合，产生高质量的信息。

（3）满足零售商和供应商之间的信息传递。

（4）通过增值网络传输信息以完成订货。

（5）信息传递及时、准确。

（6）电子订货系统是许多零售商和许多供应商之间的整体运作系统，而不是单个零售商和单个供应商之间的系统。

☀ 扫一扫

 请扫描左侧的二维码，阅读材料。

四、电子订货系统的分类

1. 按应用范围分类

按应用范围进行分类，可将电子订货系统分为企业内的电子订货系统和企业间的电子订货系统。

（1）企业内的电子订货系统。

企业内的电子订货系统主要是指连锁经营模式下，各个连锁门店与连锁企业总部之间建立的电子订货系统。其具体应用流程如下：各个连锁门店通过电子订货系统将订货数据传到连锁企业总部，连锁企业总部将订货数据汇总后通过通信网络或终端设备传送给供应商。

（2）企业间的电子订货系统。

企业间的电子订货系统包括零售商与批发商之间的电子订货系统和零售商与供应商之间的电子订货系统。

2. 按整体运作程序分类

按整体运作程序进行分类，可将电子订货系统分为连锁体系内部的网络型电子订货系统、供应商对连锁门店的网络型电子订货系统和众多零售系统共同利用的标准网络型电子订货系统三种。

（1）连锁体系内部的网络型电子订货系统。

应用这种电子订货系统的连锁门店配有电子订货设备，连锁企业总部（或连锁体系内部的配送中心）配有接单计算机系统，连锁门店与连锁企业总部之间通过电子订货系统传输订货信息。

这是"多对一"（众多的连锁门店对接连锁企业总部）与"一对多"（连锁企业总部对接众多的供应商）相结合的初级形式的电子订货系统。

（2）供应商对连锁门店的网络型电子订货系统。

这种电子订货系统有两种形式。一种是直接的"多对多"，即不同连锁体系下属的连锁门店对接众多的供应商，由供应商直接接单并发货至各门店。另一种是以连锁体系内部的配送中心为中介的间接的"多对多"，即连锁门店直接向供应商订货，并将有关订货信息告知配送中心。供应商按商品类别向配送中心发货，并由配送中心按门店组配后向门店送货，这可以说是中级形式的电子订货系统。

（3）众多零售系统共同利用的标准网络型电子订货系统。

这种电子订货系统主要是利用标准化的传票和社会配套的信息管理系统网络完成订货作业。其具体形式有两种：一种是地区性社会配套的信息管理系统网络，即由众多的中小型零售商、批发商构成的地区性社会配套的信息管理系统运营机构和地区性咨询处理机构，支持本地区电子订货系统的运行；另一种是专业性社会配套的信息管

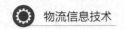

理系统网络，即按商品的性质划分，从而形成不同专业的信息管理系统网络。这是高级形式的电子订货系统，必须以建立统一的商品代码、企业代码、传票和订货规范标准为前提条件。

五、电子订货系统的作用

电子订货系统的作用主要体现在以下四个方面。

（1）相较于传统的订货方式，如上门订货、邮寄订货、电话订货等方式，电子订货系统可以缩短从接到订单到发出货物的时间，缩短订货商品的交货期，减少商品订单的出错率，节省人工费。

（2）有利于减少企业的库存，提高企业的库存管理效率，同时也能防止畅销商品缺货现象的出现。

（3）对于供应商和批发商来说，通过分拆零售商的商品订货信息，能准确判断畅销商品和滞销商品，能及时调整商品生产和销售计划。

（4）有利于提高企业物流信息系统的效率，使各个业务信息子系统之间的数据交换更加便利和迅速，丰富企业的经营信息。

六、电子订货系统的操作流程

电子订货系统的操作流程如下。

（1）零售商利用条码阅读器获取准备采购的商品条码，并在终端机上输入订货资料，通过调制解调器传送到供应商的订货系统。

（2）供应商开出提货传票，并根据提货传票开出拣货单，实施拣货，然后根据送货传票进行商品发货。

（3）送货传票上的资料便成为零售商的应付账款资料及供应商的应收账款资料，并传送到供应商的应收账款系统。

（4）零售商对送到的货物进行检验后，就可以陈列出售了。

整个电子订货系统操作流程涉及物流、信息流、资金流等。

📝 **思政提升**

电子社保卡的签发与发展

在 2018 年 4 月 22 日举行的首届数字中国建设成果展览会上，人力资源和社会保障部签发了全国首张电子社保卡，这意味着社保卡线上线下全面打通，以线下为基础，线上线下相互补充的社保卡多元化服务生态圈正在形成。

2019 年 2 月，电子社保卡"扫一扫"可以快捷登录多地的政务服务门户网站了。2019年3月，社保待遇资格认证功能上线，老年人在家就可以完成认证了。同期，移动支付功能上线，多地开通了扫码就医购药服务。2019年9月，社保权益记录单、养老金测算、境外社保免缴等6类18项全国社保服务上线，动动手指就能享受社保服务了。2019年12月，社保转移的5项线上服务开通，大大提高了参保人员办理社保转移的效率。同期，亲情服务开通，让家里的老人、儿童也能领取电子社保卡了。

截至2020年10月底，全国社保卡持卡人数已达到13.29亿人，覆盖94.9%人口。每5位持卡人中已有1人同时申领了电子社保卡。电子社保卡服务渠道已开通417个，群众通过自己常用的App（小程序），即可方便获取线上服务。这些渠道包括国家政务服务平台、国务院客户端微信小程序、电子社保卡小程序、掌上12333、支付宝、微信、云闪付等25个全国性渠道，以及300多个人力资源和社会保障部门与其他政府部门渠道、100多个银行和社会渠道。电子社保卡秉持开放的态度向群众提供服务，向社会赋能。电子社保卡承载的应用越来越丰富，包括展码、亮证、扫一扫、亲情服务、授权登录等7项基础服务和40项全国业务服务，各地还加载了更多的属地业务服务。电子社保卡移动支付已在27个省的224个地市支持就医购药扫码结算，让群众快速享受就医服务。22个城市开通了银联乘车码，群众可以用电子社保卡扫码乘车。截至2021年年底，16个省份的138个地市已实现电子社保卡就医购药。

2022年3月，人力资源和社会保障部与国家医疗保障局"总对总"通道正式开通，支持电子社保卡和医保电子凭证在就医购药领域并行使用。

电子社保卡依托全国社保卡平台，以全国社保卡持卡人员基础信息库为支撑，以实体社保卡安全体系为底座，结合电子认证、生物特征识别、人工智能等互联网安全技术手段，构建网络与个人之间的可信连接，确保群众能够在互联网上真正实现"实人、实名、实卡"，高效、安全地享受人力资源和社会保障部门乃至政府其他部门的各项公共服务。

电子社保卡的推广真正体现了我国政府以人为本的发展理念。作为当代年轻人，我们在以后的工作中也要秉承着以人为本的服务意识，将工作做实、做细。

任务实施参考答案

步骤一：登录易订货系统。

请注册账号并登录易订货系统。

1. 熟悉易订货系统

（1）易订货系统简介。

易订货系统是一个公司统一处理与所有客户订单往来业务的分销订货系统，适用于各类连锁企业与直营店的订单来往。

（2）易订货系统核心功能。

易订货系统呈现"公司"（供货方）和"客户"（订货方）两个不同的操作界面。易订货系统的操作角色按性质可分为公司管理账号和客户订货账号两类。公司管理账号可根据公司业务需求自行增删；而客户订货账号由公司设置开通，且每个客户只能分配一个订货账号用于订货处理。易订货系统核心功能示意如图2-1-1所示。

公司（供货方）部分

订单	客户	商品	辅助模块
订货单管理 退货单管理 代下订单	客户管理 客户导入 客户级别设置	商品管理 商品导入 商品分类设置 订货价格设置 商品销售授权	促销管理 通知管理 统计报表

客户（订货方）部分

订单	商品	辅助模块
快速下单 订单管理 订单统计	商品目录 商品收藏 购物车	通知查阅 促销信息

图2-1-1 易订货系统核心功能示意

（3）易订货系统简要使用步骤（见图2-1-2）。

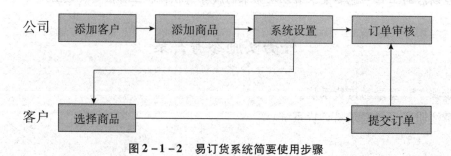

图2-1-2 易订货系统简要使用步骤

（4）易订货系统订货与退货流程设置（见图2-1-3）。

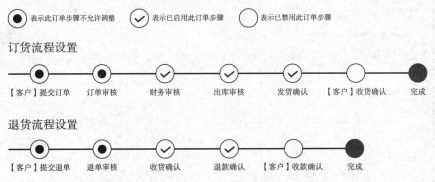

图2-1-3 易订货系统订货与退货流程设置

2. 注册企业账号并登录

进入易订货系统的注册界面，首先需要输入手机号码进行验证，其次填写企业信息，提交后便注册成功。注册成功后，便可用该账号进行登录。注册企业账号界面如图2-1-4所示。

图2-1-4 注册企业账号界面

步骤二：添加基础信息。

请在易订货系统中添加基础信息。

1. 新增客户

进入公司系统，先点击左侧的"客户"，再点击"新增"。新增客户界面如图2-1-5所示。

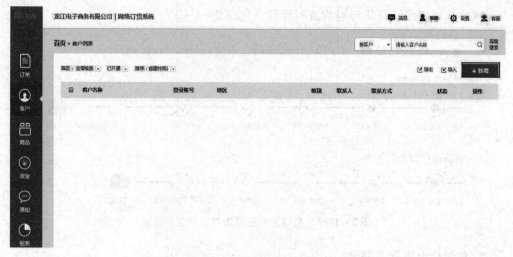

图 2 - 1 - 5 新增客户界面

按要求填写客户信息,客户名称为佳木斯店,勾选并开通订货账号,牢记密码,填写完后,点击"保存",生成客户列表。开通了客户订货账号,客户(佳木斯店)即可通过客户登录界面,进入客户订货系统界面。添加客户基础资料界面、客户列表界面分别如图 2 - 1 - 6、图 2 - 1 - 7 所示。

2. 新增商品

进入公司系统,先点击左侧的"商品",再点击"新增商品"。新增商品界面如图 2 - 1 - 8 所示。

填写商品的基本信息,进行价格设置,点击"保存",生成商品列表,点击商品列表中的商品即可进入相应的商品详情界面。商品信息界面、商品详情界面分别如图 2 - 1 - 9、图 2 - 1 - 10 所示。

步骤三:在易订货系统里下单。

请登录客户端下单。

佳木斯店李阳登录易订货系统,输入用户名、密码,进入客户订货系统界面。客户登录界面、客户订货系统界面分别如图 2 - 1 - 11、图 2 - 1 - 12 所示。

选择相应的商品,输入采购数量,点击"加入购物车",点击"立即下单"。加入购物车界面、立即下单界面分别如图 2 - 1 - 13、图 2 - 1 - 14 所示。

选择交货日期,点击"保存",即生成订单,订单变为待审核状态。生成订单界面、待订单审核界面分别如图 2 - 1 - 15、图 2 - 1 - 16 所示。

步骤四:完成订单处理。

请登录公司系统完成订单处理。

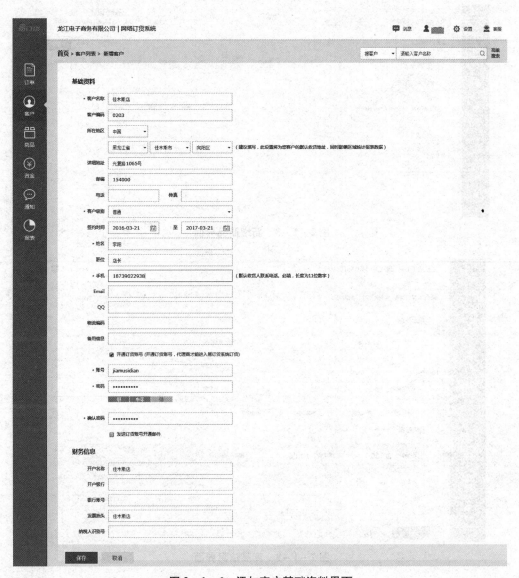

图 2-1-6 添加客户基础资料界面

图 2-1-7 客户列表界面

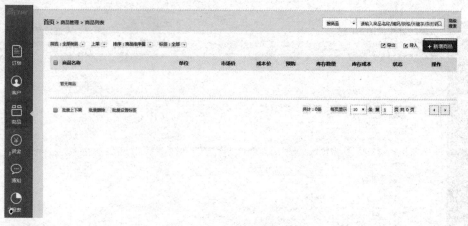

图 2 - 1 - 8　新增商品界面

图 2 - 1 - 9　商品信息界面

图 2 - 1 - 10　商品详情界面

图 2 - 1 - 11　客户登录界面

图 2 - 1 - 12　客户订货系统界面

图 2 - 1 - 13　加入购物车界面

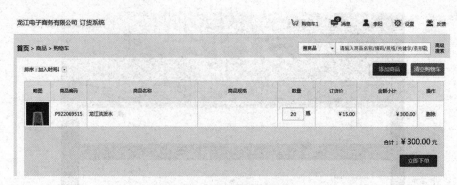

图 2 – 1 – 14　立即下单界面

图 2 – 1 – 15　生成订单界面

图 2 – 1 – 16　待订单审核界面

订单处理员王鑫进入龙江电子公司系统，点击"订单"下的"订货单"，选择未审核的订单，点击"审核"，进入订单审核界面，审核无误后点击"通过"。订单审核界面、订单审核通过界面分别如图 2-1-17、图 2-1-18 所示。

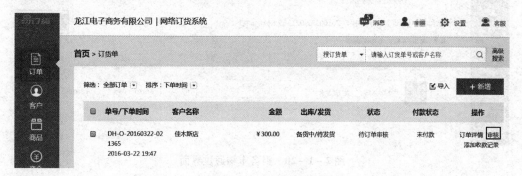

图 2-1-17 订单审核界面

图 2-1-18 订单审核通过界面

进入待财务审核界面，点击"审核"，审核无误后点击"通过"。待财务审核界面、财务审核通过界面分别如图 2-1-19、图 2-1-20 所示。

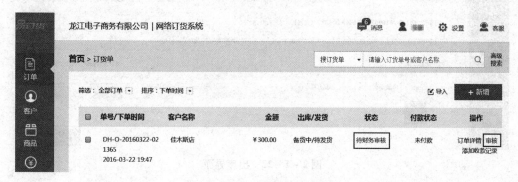

图 2-1-19 待财务审核界面

59

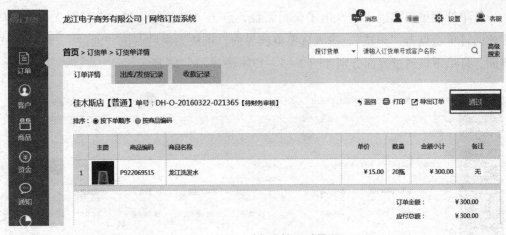

图 2 - 1 - 20　财务审核通过界面

进入待出库审核界面，点击"审核"，进入出库界面，点击"出库"。待出库审核界面、出库界面分别如图 2 - 1 - 21、图 2 - 1 - 22 所示。

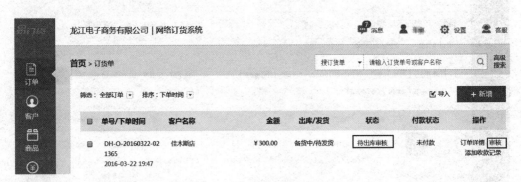

图 2 - 1 - 21　待出库审核界面

图 2 - 1 - 22　出库界面

进入待发货确认界面，点击"审核"，进入发货界面，点击"发货"，进入物流信息界面，填写物流信息。待发货确认界面、发货界面、物流信息界面分别如图 2 – 1 –23、图 2 – 1 –24、图 2 – 1 –25 所示。

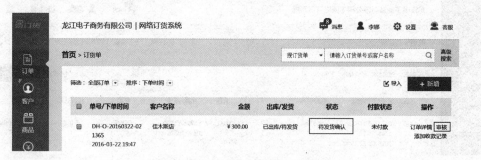

图 2 – 1 –23　待发货确认界面

图 2 – 1 –24　发货界面

图 2 – 1 –25　物流信息界面

　　订单完成出库发货操作，待客户收货付款，即完成订单处理。订单已发货界面如图 2 - 1 - 26 所示。

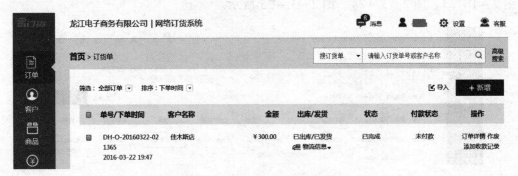

图 2 - 1 - 26　订单已发货界面

任务二　电子数据交换技术

任务目标

通过本任务的学习，可以达成以下目标。

知识目标	1. 掌握 EDI 技术的概念 2. 掌握 EDI 技术的分类 3. 了解 EDI 应用系统的结构与实现模型 4. 了解 EDI 应用系统的单证处理过程 5. 熟悉 EDI 技术的应用
技能目标	1. 能阐述电子数据交换技术的概念 2. 能使用物流 EDI 系统完成实时数据交换
思政目标	树立环保意识及可持续发展观念

任务发布

　　M 集团是一家以经营家电产品为主，涉足国际贸易、国际物流等领域的大型综合性现代化企业，在采用电子数据交换技术之前，M 集团采用人工处理的方式实现对大量业务单据的制作、接收、处理和发送，需要花费较长时间来完成单据的流转，当然，人工处理方式难免发生错误。为了更快、更准确地与供应链合作伙伴进行业务单据交互，提高供应链的运作效率，降低运营成本，M 集团迫切需要利用电子数据交换技术来解决这个问题。

　　请问，M 集团的实施经理应该如何解决这个问题呢？

任务引导

　　引导问题 1：什么是电子数据交换技术？电子数据交换技术有哪些优点？

　　引导问题2：在日常生活中，电子数据交换技术有哪些应用？尝试举例说明。

📎 任务工单

　　电子数据交换技术的任务工单如表2-2-1所示。

表2-2-1　　　　　　　　　　　电子数据交换技术的任务工单

任务名称：		
组长：		组员：
任务分工：		
方法、工具：		
任务步骤：		

🗓 任务实施

　　步骤一：分析企业现状。
　　请分析 M 集团当前的信息传递过程及业务流程。
　　步骤二：确定整体思路和实施方案。

请根据 M 集团的现状，确定整体思路和实施方案。

步骤三：开发 EDI 技术管理平台。

按照实施方案开发 EDI 技术管理平台。

步骤四：撰写 EDI 实施评价报告。

请整理一份书面的数据报告。

任务评价

学生互评表

任务名称		电子数据交换技术				
班级		组别		姓名		学号
评价项目（占比）			评价标准		满分（分）	得分（分）
考勤（10%）			学生考勤情况（无故旷课、迟到、早退出现一次扣 10 分，请假一次扣 2 分）		10	
学习能力（10%）	合作学习能力		小组合作参与程度（优 6 分、良 4 分、一般 2 分、未参与 0 分）		6	
	个人学习能力		个人自主探究参与程度（优 4 分、良 2 分、未参与 0 分）		4	
工作过程（60%）	认识 EDI 技术		能阐述 EDI 技术的概念（每错一处扣 1 分）		10	
			能阐述 EDI 技术的分类（每错一处扣 1 分）		10	
	确定整体思路和实施方案		能阐述 EDI 应用系统的结构与实现模型（每错一处扣 5 分）		15	
	开发 EDI 信息管理平台		能演示 EDI 应用系统的单证处理过程（每错一处扣 5 分）		15	
	撰写 EDI 实施评价报告		能评估 EDI 的优势（每错一处扣 5 分）		10	
工作成果（20%）	成果完成情况		能按规范及要求完成任务（未完成一处扣 2 分）		10	
	成果展示情况		能使用物流 EDI 系统完成实时数据交换（失误一次扣 5 分）		10	
总得分						

教师评价表

任务名称		电子数据交换技术				
授课信息						
班级		组别		姓名		学号

续　表

评价项目 （占比）		评价标准	满分 （分）	得分 （分）
考勤（10%）		学生考勤情况（无故旷课、迟到、早退出现一次扣10分，请假一次扣2分）	10	
学习能力 （10%）	合作学习能力	小组合作参与程度（优6分、良4分、一般2分、未参与0分）	6	
	个人学习能力	个人自主探究参与程度（优4分、良2分、未参与0分）	4	
工作过程 （60%）	认识EDI技术	能阐述EDI技术的概念（每错一处扣1分）	10	
		能阐述EDI技术的分类（每错一处扣1分）	10	
	确定整体思路和实施方案	能阐述EDI应用系统的结构与实现模型（每错一处扣5分）	15	
	开发EDI信息管理平台	能演示EDI应用系统的单证处理过程（每错一处扣5分）	15	
	撰写EDI实施评价报告	能评估EDI的优势（每错一处扣5分）	10	
工作成果 （20%）	成果完成情况	能按规范及要求完成任务（未完成一处扣2分）	10	
	成果展示情况	能使用物流EDI系统完成实时数据交换（失误一次扣5分）	10	
总得分				

任务反思

在完成任务的过程中，遇到了哪些问题？是如何解决的？

知识学习

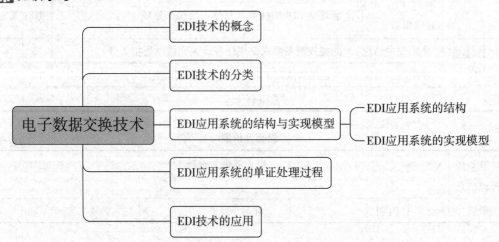

一、EDI 技术的概念

电子数据交换（EDI）技术是将贸易、运输、保险等行业的信息，用一种国际公认的标准格式，形成结构化的事务处理的报文数据格式，通过计算机通信网络，在有关部门或企业之间进行数据交换与处理，并完成以贸易活动为中心的全部业务过程的技术。电子数据交换包括买卖双方数据交换、企业内部数据交换等。

二、EDI 技术的分类

1. 根据应用领域分类

根据应用领域进行分类，可将 EDI 技术分为以下四类。

第一类是应用在最基本的订货信息系统的 EDI 技术，这个订货信息系统又可称为贸易数据互换系统（Trade Data Interchange，TDI），通过电子数据文件来传输订单、发货票据等各类通知。

第二类是应用在电子资金汇兑系统（Electronic Fund Transfer，EFT）的 EDI 技术，即在银行和其他组织之间实行电子费用汇兑。EFT 已使用多年，但它仍在不断地改进中。最大的改进是将其同订货系统联系起来，形成一个自动化水平更高的系统。

第三类是应用在交互式查询系统（Interactive Query Response，IQR）的 EDI 技术。应用 EDI 技术的交互式查询系统通常可在旅行社或航空公司作为机票预订系统。工作人员知道旅客的目的地后，根据旅客的相关要求从该系统显示的航班时间、票价或其他信息确定旅客所需航班，预订机票。

第四类是带有图形资料自动传输功能的 EDI 技术。最常见的是计算机辅助设计（Computer Aided Design，CAD）图形的自动传输。比如，设计公司完成一个厂房的平面布置图，将其平面布置图传输给厂房的主人，请主人提出修改意见。一旦该平面布置图被认可，系统将自动输出订单，导出购买建筑材料的报告。系统显示收到这些建筑材料后，会自动开出收据。

2. 根据运作层次分类

根据运作层次进行分类，可将 EDI 技术分为以下四类。

（1）封闭式 EDI 技术。

由于各个系统采纳的标准和传输协议不同，彼此之间相对处于封闭状态，因此称为封闭式 EDI 技术。

（2）开放式 EDI 技术。

开放式 EDI 技术被定义为使用公共的、非专用的标准，以跨时域、跨商域、跨现行技术系统和跨数据类型的交互操作性为目的的自治采用方之间的 EDI 技术。

（3）交互式 EDI 技术。

交互式 EDI 技术是指在两个计算机系统之间连续不断地以询问和应答形式，经过预定义和结构化的自动数据交换达到对不同信息的自动实时反应。一次询问和应答被称为一次对话。

（4）以 Internet（因特网）为基础的 EDI 技术。

以 Internet（因特网）为基础的 EDI 技术与传统的封闭式 EDI 技术相比具有其优势，比封闭式 EDI 技术节省投资和运营成本，比封闭式 EDI 技术接入方式更加灵活、方便，速度更快。但是这种技术也存在安全、网络运营的可靠性、第三方认证等方面的问题。

三、EDI 应用系统的结构与实现模型

（一）EDI 应用系统的结构

EDI 应用系统由内部联系模块、翻译模块和通信模块三部分组成。

1. 内部联系模块

内部联系模块由用户操作模块、MIS（管理信息系统）接口和映射模块构成，提供 EDI 应用系统与用户间的数据交换功能。在报文生成与发送过程中，内部联系模块输入用户数据，输出平面文件。其中，用户数据由 MIS 接口从用户 MIS 数据库中获得，也可从用户操作模块手工输入；平面文件则由映射模块产生，输入翻译模块。在报文接收与处理过程中，内部联系模块输入平面文件，输出用户数据。其中，平面文件由翻译模块输出，用户数据则由映射模块产生，通过 MIS 接口写入用户 MIS 数据库中。

2. 翻译模块

翻译模块由翻译算法库模块、翻译程序、用户及贸易伙伴信息库和装拆模块构成，具有将平面文件转化为 EDI 交换数据或将 EDI 交换数据转化为平面文件的功能。

3. 通信模块

通信模块由用户及贸易伙伴地址表和通信程序构成，是 EDI 应用系统与 EDI 通信网的接口。在报文发送过程中，通信模块根据用户及贸易伙伴地址表中提供的地址信息，制作交换信封，形成 EDIM（EDI 邮件），并自动发送出去。在报文接收过程中，通信模块自动收下其他用户及贸易伙伴发来的 EDIM，去掉信封，形成 EDI 交换数据，交给翻译模块处理。

（二）EDI 应用系统的实现模型

EDI 应用系统的实现模型如图 2 - 2 - 1 所示，其中，MIS 接口、映射模块和翻译程序是 EDI 应用系统中最重要的三个组成部分。

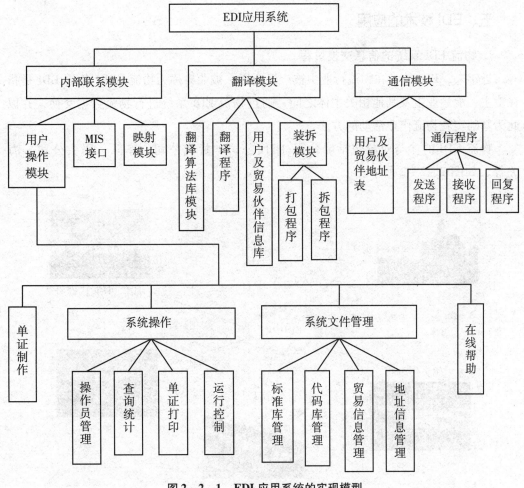

图 2-2-1 EDI 应用系统的实现模型

四、EDI 应用系统的单证处理过程

EDI 应用系统的单证处理过程就是用户将相关数据从自己的信息系统传送到有关交易方的信息系统的过程,该过程因用户 EDI 应用系统及外部通信环境的差异而不同。在有 EDI 增值服务的条件下,这个过程包括以下六个步骤。

(1) 发送方将要发送的数据从信息系统数据库提出,通过映射模块转换成应用文件。

(2) 发送方将应用文件翻译成标准的 EDI 报文应用文件,并组成 EDI 邮件。

(3) 发送方发送 EDI 邮件。

(4) 接收方从 EDI 信箱收取 EDI 邮件。

(5) 接收方将 EDI 邮件拆开翻译成应用文件。

(6) 接收方将应用文件转换并发送到信息系统进行处理。

五、EDI 技术的应用

1. 物流 EDI 系统的信息交换过程

近年来，EDI 技术在物流行业中被广泛应用，被业界称为物流 EDI。物流 EDI 是指在货主、承运业主及其他相关主体之间，通过物流 EDI 系统进行物流数据交换，并以此为基础实施物流作业活动的方法。

物流 EDI 的参与对象包括船公司/船代公司、货代公司、车队、码头公司、海关等，如图 2-2-2 所示。

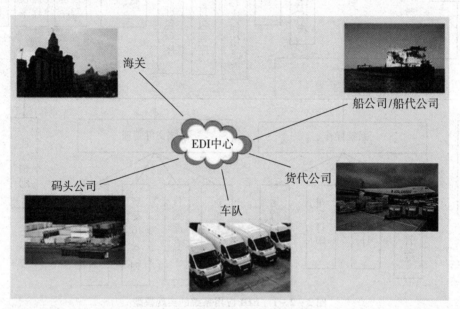

图 2-2-2　物流 EDI 的参与对象

物流 EDI 系统的信息交换过程如下。

（1）发货业主在接到订货订单后制订货物运送计划，并把运送货物的清单及运送时间安排等信息通过物流 EDI 系统发送给物流运输业主和收货业主，以便物流运输业主预先制订车辆调配计划、收货业主制订货物接收计划。

（2）发货业主依据客户订货要求和货物运送计划下达发货指令、分拣配货、打印货物标签并贴在货物包装上，同时把运送货物的数量、包装等信息通过物流 EDI 系统发送给物流运输业主和收货业主。物流运输业主依据车辆调配计划下达车辆调配指令。

（3）物流运输业主在向发货业主取运货物时，利用扫描仪读取货物标签的物流条码，并与之前收到的运送货物信息进行核对，确认运送货物。

（4）物流运输业主在物流中心对货物进行整理和集装、制作送货清单并通过物流 EDI 系统向收货业主发送发货信息。物流运输业主在运送货物的同时进行货物跟踪管理，并在货物交给收货业主之后，通过物流 EDI 系统向发货业主发送完成运送业务信息和运费请示信息。

（5）收货业主在货物到达时，利用扫描仪读取货物标签的物流条码，并与之前收到的运送货物信息进行核对，开出收货发票，安排货物入库。同时，通过物流 EDI 系统向物流运输业主和发货业主发送收货确认信息。

物流 EDI 系统的优点：供应链各节点企业只要采用标准化的信息格式和处理方式，均可以通过物流 EDI 系统共享信息，提高流通效率，降低物流成本。

2. EDI 技术在第三方物流企业中的应用

物流 EDI 系统与第三方物流企业内部的仓储管理系统、自动补货系统、订单处理系统等企业信息管理系统集成使用之后，可以实现商业单证快速交换和自动处理，简化采购程序，减少运营资金及存货量，改善现金流动情况等，企业可以更快地对客户需求进行响应。

第三方物流企业不仅起到货物中转、实体运输的作用，还可以审核客户的各种指令，对陆运、海运、空运、多式联运委托进行任务分发和业务操作，下达指令给运输和仓储企业，全程跟踪货物状态，统计管理每票货物的费用及企业与客户的往来账目，提供电子报关、网上检验检疫等服务接口。

3. EDI 技术在连锁企业中的应用

连锁企业的 EDI 技术，辐射到了供应商、配送中心、连锁企业总部及其各个门店，主要进行供应商与配送中心之间的单据转换和信息传递，同时根据门店反馈的货物需求量进行分析和处理。EDI 技术的应用可加强连锁企业与供应商之间的沟通和联系，同时也降低了单据处理的烦琐程度，在一定程度上有利于提高门店的销售业绩。

4. EDI 技术在运输企业中的应用

运输企业以其强大的运输能力和遍布各地的营业点在流通业中扮演了重要的角色。EDI 技术应用于运输企业时，可帮助运输企业选择低成本方式，引入托运单，接收托运人传来的 EDI 托运单报文，将其转换成运输企业内部的托运单格式，执行派车收费、集货、配货、送货等命令，实现托运人与收货人之间的贸易联系。EDI 技术在运输企业中的应用流程示意如图 2-2-3 所示。

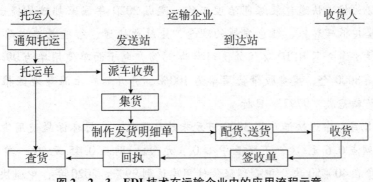

图 2-2-3 EDI 技术在运输企业中的应用流程示意

☀ **扫一扫**

请扫描左侧的二维码，阅读材料。

✏ **思政提升**

申通快递的绿色发展

世界环境日为每年的 6 月 5 日。2021 年申通快递董事长陈德军表示，要始终秉承"绿水青山就是金山银山"的发展理念，不断加快推进"绿色快递"发展步伐。提高"瘦身胶带"封装率、循环中转袋使用率，快递产品更数据化、绿色化，进一步协同行业上下游伙伴及社会各界力量参与其中，共同推动行业的绿色发展，推动快递业更好地服务经济发展和改善民生。在全方位保障商家和消费者权益的同时，积极践行社会责任，为推动国家经济社会发展贡献申通力量。

近几年，邮政快递业不断深入推进行业绿色转型，持续推进快递包装减量化、绿色化、可循环等，申通快递针对环境保护和绿色发展形成一套典型经验做法。

申通快递高度重视并积极支持国家碳达峰、碳中和战略，坚定地走环保、绿色、可持续发展道路。公司内重组了绿色环保部门并将其纳入核心部门，加强源头管理，通过引进、采用新产品、新技术和新流程，持续推进绿色包装、绿色运输、绿色分拨、绿色办公和绿色文化建设，有效保护生态环境，减少碳排放，助力经济社会低碳绿色发展。

申通快递为推进快递包装绿色治理工作，完成 2020 年国家邮政局提出的"9792"目标，始终坚持低碳环保、绿色发展的理念，走绿色快递、智能物流之路。截至 2021年 6 月，申通快递全网 RFID 环保袋使用率为 99%，电子面单使用率为 99.55%，全网已部署回收箱 8000 个，瘦身胶带使用率为 100%，并开始在上海等地区推广使用可降解包装袋，超额完成"9792"目标。

2020 年 8 月，申通快递斥资 3000 万元采购环保袋，公司环保袋使用费由原来中心0.4 元/次、网点 0.6 元/次，下降至中心 0.3 元/次、网点 0.45 元/次。单个环保袋的平均使用寿命在 40～50 次，中心环保袋使用率达到 99%。2020 年，申通快递全网共使用环保袋 1.8 亿次，相当于减少一次性编织袋 1.8 亿只，减少不可降解垃圾 1.8 万吨，这些减少的不可降解编织袋可铺满近 25000 个标准足球场。

申通快递不仅在包装和运输上推行环保绿色发展，还在转运中心、办公区域、企业文化等方面将绿色发展平常化，多维度落实可持续发展理念。公司积极打造绿色产业园，合理布局仓库空间，降低快递中转对环境的污染，促进快递中转效率与节能效益的提高。新建的转运中心使用 LED（发光二极管）光源代替传统光源，大幅度节约电能。转运中心上马自动化分拣设备，推动核心生产要素绿色化。

申通快递致力于培养员工节能环保意识，制定了一系列相关内部制度，倡导企业员工保护环境。通过推广无纸化办公，减少文印设备产生的能耗等举措，有效降低了碳排放。全面推广垃圾分类收集，在办公区域、楼道内张贴垃圾分类标识，设置干湿垃圾以及可回收垃圾桶。

申通快递将绿色发展理念融入公司日常经营过程，面向全网开展环保理念宣传活动。及时将国家邮政局下发的寄递企业环保工作任务清单等重要文件以及环保工作会议精神、工作要求下发至全网宣传学习。开展"申通环保周""邮来已久"等主题宣传活动，增强全网环保意识。

党的二十大指出要加快发展方式的绿色转型。推动经济社会发展绿色化、低碳化是实现高质量发展的关键环节。实施全面节约战略，推进各类资源节约集约利用，加快构建废弃物循环利用体系。倡导绿色消费，推动形成绿色低碳的生产方式和生活方式。

我们在发展现代物流时，一定要坚持节约资源和保护环境的基本国策，推进绿色发展，建设美丽中国。

任务实施参考答案

步骤一：分析企业现状。

请分析 M 集团当前的信息传递过程及业务流程。

M 集团供应链伙伴群体十分庞大，上下游企业和合作伙伴众多，每年需要交换大量的单据，M 集团与业务伙伴之间典型的信息交互示意如图 2 - 2 - 4 所示。

M 集团在采用 EDI 技术之前的业务流程如图 2 - 2 - 5 所示。

可以看得出 M 集团主要采用人工处理的方式实现对大量业务单据信息的发送和接收，需要花费较长时间来完成单据的处理和归档。

步骤二：确定整体思路和实施方案。

请根据 M 集团的现状，确定整体思路和实施方案。

根据 M 集团的现状，EDI 企业级数据整合的整体思路如下。

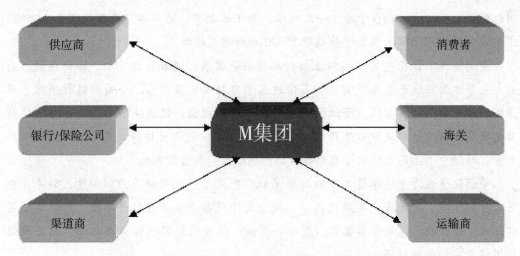

图 2 - 2 - 4　M 集团与业务伙伴之间典型的信息交互示意

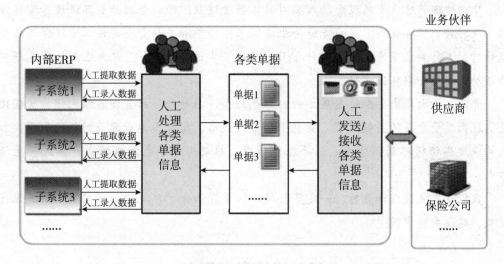

图 2 - 2 - 5　M 集团在采用 EDI 技术之前的业务流程

（1）搭建 EDI 技术管理平台，对各种网络系统、数据备份、防火墙、入侵检测等运行环境进行部署和调试。

（2）根据对 M 集团业务流程的实际调研，进行 EDI 技术管理平台的设计和开发。

（3）分析 M 集团的数据流需求，提交整体项目分析和设计文档。

（4）对 M 集团相关业务人员进行 EDI 技术管理平台操作流程培训。

EDI 企业级数据整合实施方案应进一步联合上下游的业务伙伴，紧密合作，加强供应链一体化管理，共同增强整条供应链的竞争力，实现"敏捷供应链"。为此，M 集团的 EDI 技术管理平台需要满足以下要求。

（1）高度灵活、反应敏捷，可高效、快速地适应业务需求变化。

（2）安全、高效、统一的 B2B（企业对企业）传输网络环境。

（3）支持任何数据格式，如 EDIFACT（电子数据交换标准化格式）、IDOC（中间文件）等格式，强大的 EDI 引擎可支持各个时期、各个版本的 EDI 标准数据格式。

（4）强大的数据并发及处理能力。

（5）实现与后台各种系统的无缝集成，如 SAP（服务访问点）、数据库等都有相应的直接接口，便于集团内部各业务系统与 EDI 技术管理平台的高度集成。

步骤三：开发 EDI 技术管理平台。

按照实施方案开发 EDI 技术管理平台。

根据 M 集团 EDI 企业级数据整合实施方案，分析 M 集团目前所采用的单据信息管理平台，初步设计出 EDI 技术管理平台，EDI 技术管理平台示意如图 2-2-6 所示。

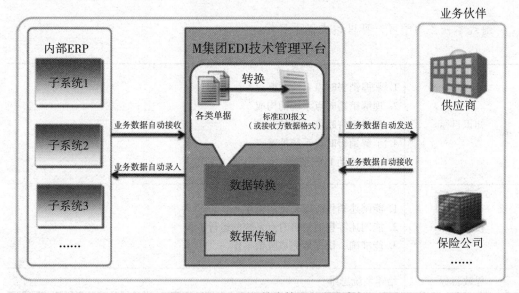

图 2-2-6 EDI 技术管理平台示意

该平台的优势如下。

（1）数据传输可以实现自动化，从而加快业务处理速度，提高劳动力的利用效率。

（2）节省了过去人工处理方式下所产生的额外费用，如纸张采购、传真邮递、打印复印等成本。

（3）由于实现了无纸化和自动化操作，大大降低了出错率。

步骤四：撰写 EDI 实施评价报告。

请整理一份书面的数据报告。

M 集团的实施经理整理出一份书面的数据报告向 M 集团其他领导进行汇报。

该报告主要包括以下几个方面。

（1）基本情况：主要讲述 M 集团的基本情况。

（2）问题表现：M 集团当前存在的问题描述。

（3）解决方案：根据存在的问题提出解决方案。

（4）方案评价：主要描述解决方案的优点。

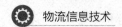

任务三　销售时点系统

任务目标

通过本任务的学习，可以达成以下目标。

知识目标	1. 掌握销售时点系统的概念 2. 理解销售时点系统的构成 3. 理解销售时点系统的分类 4. 了解销售时点系统的特点 5. 了解移动 POS 系统
技能目标	1. 能阐述销售时点系统的概念 2. 能阐述零售商销售时点系统的运行步骤 3. 能准确、快速地完成收银工作
思政目标	培养系统思维

任务发布

　　久光百货是一家销售韩国、日本、德国、美国、瑞士等多个国家商品的综合性购物中心，每天在这里选择商品的客户络绎不绝。2022 年 12 月 31 日正值元旦假期，久光百货正在进行各种类型的促销、推广活动，因此，成交量激增，收银处也排起了长队。

　　收银员郭琳刚入职不久，对收银机的操作还不是很熟练。

　　请问，郭琳应该如何准确、快速地完成收银工作呢？

任务引导

引导问题 1：什么是销售时点系统？销售时点系统应具备哪些功能？

（空白表格框）

引导问题2：超市的收银系统是如何运行的?

（空白表格框）

📎 任务工单

销售时点系统的任务工单如表2-3-1所示。

表2-3-1　　　　　　　　　销售时点系统的任务工单

任务名称：	
组长：	组员：
任务分工：	
方法、工具：	
任务步骤：	

🔲 任务实施

步骤一：做好收银前的准备工作。

请做好收银前的准备工作。

步骤二：录入商品信息。

请录入客户购买商品的信息。

步骤三：打印票据。

请为客户打印结算小票。

📍 任务评价

学生互评表

任务名称		销售时点系统			
班级		组别	姓名	学号	
评价项目（占比）		评价标准		满分（分）	得分（分）
考勤（10%）		学生考勤情况（无故旷课、迟到、早退出现一次扣10分，请假一次扣2分）		10	
学习能力（10%）	合作学习能力	小组合作参与程度（优6分、良4分、一般2分、未参与0分）		6	
	个人学习能力	个人自主探究参与程度（优4分、良2分、未参与0分）		4	
工作过程（60%）	收银前准备	能阐述销售时点系统的概念和特点（每错一处扣1分）		10	
		能阐述销售时点系统的构成（每错一处扣5分）		10	
		能阐述销售时点系统的分类（每错一处扣1分）		10	
		能做好收银前的准备工作（每错一处扣1分）		10	
	商品信息录入	能阐述零售商销售时点系统的运行步骤（每错一处扣1分）		10	
		能快速运用收银系统完成商品信息录入（每错一处扣1分）		5	
	票据打印	能打印结算小票（每错一处扣1分）		5	
工作成果（20%）	成果完成情况	能按规范及要求完成任务（未完成一处扣2分）		10	
	成果展示情况	能准确、快速地完成收银工作（失误一次扣5分）		10	
总得分					

教师评价表

任务名称		销售时点系统		
授课信息				
班级		组别	姓名	学号

续　表

评价项目 （占比）		评价标准	满分 （分）	得分 （分）
考勤（10%）		学生考勤情况（无故旷课、迟到、早退出现一次扣10分，请假一次扣2分）	10	
学习能力 （10%）	合作学习能力	小组合作参与程度（优6分、良4分、一般2分、未参与0分）	6	
	个人学习能力	个人自主探究参与程度（优4分、良2分、未参与0分）	4	
工作过程 （60%）	收银前准备	能阐述销售时点系统的概念和特点（每错一处扣1分）	10	
		能阐述销售时点系统的构成（每错一处扣5分）	10	
		能阐述销售时点系统的分类（每错一处扣1分）	10	
		能做好收银前的准备工作（每错一处扣1分）	10	
	商品信息录入	能阐述零售商销售时点系统的运行步骤（每错一处扣1分）	10	
		能快速运用收银系统完成商品信息录入（每错一处扣1分）	5	
	票据打印	能打印结算小票（每错一处扣1分）	5	
工作成果 （20%）	成果完成情况	能按规范及要求完成任务（未完成一处扣2分）	10	
	成果展示情况	能准确、快速地完成收银工作（失误一次扣5分）	10	
总得分				

任务反思

在完成任务的过程中，遇到了哪些问题？是如何解决的？

知识学习

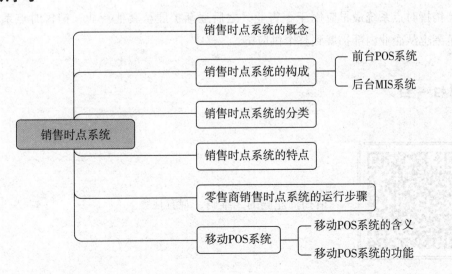

一、销售时点系统的概念

我们几乎每天都要去超市买东西，结账时，收银员会拿着一个扫描器扫描商品的标签，然后商品信息和商品价格就会自动显示在收银机的屏幕上，付款后，结账小票会自动打印出来。那么，销售时点系统到底是什么呢？

《物流术语》（GB/T 18354—2021）中指出，销售时点系统（Point of Sale，POS），是利用自动识别设备，按照商品最小销售单位读取实时销售信息，以及采购、配送等环节发生的信息，并对这些信息进行加工、处理和共享的系统。

销售时点系统在结算时，采集每一种商品的销售信息并传送给计算机，计算机通过对销售、库存、进货和配送等信息的处理和加工，为企业"进、销、存"提供决策依据。收银机如图 2 - 3 - 1 所示。

图 2 - 3 - 1　收银机

销售时点系统最早应用于零售业，之后逐渐扩展至其他行业，销售时点系统的应用范围也从企业内部扩展到整个供应链。

☀ 扫 一 扫

请扫描左侧的二维码，观看视频。

二、销售时点系统的构成

销售时点系统包含前台 POS 系统和后台 MIS 系统两大部分。

（一）前台 POS 系统

前台 POS 系统由收款机、扫描器、数据显示器、票据打印机、电子秤、磁场阅读器、封闭式钱箱、信息记录与传送设备等硬件设备和相应的软件构成。

收银员通过自动读取设备（如收银机）直接读取商品销售信息，以实现销售业务的自动化，对商品交易进行实时服务和管理，并通过通信网络和计算机系统传送至后台，通过后台 MIS 系统的计算，分析和汇总商品销售的各种信息，为企业分析经营成果、制定经营方针提供依据，以提高经营效率。

（二）后台 MIS 系统

后台 MIS 系统负责财务管理、库存管理、考勤管理等工作。它可以根据商品进货信息对厂商进行管理，也可以根据前台 POS 系统提供的销售数据，控制进货量，合理周转资金，还可以分析统计各种销售报表，快速准确地计算成本与毛利，并对员工业绩进行考核。

三、销售时点系统的分类

1. 金融类销售时点系统的分类

金融类销售时点系统主要分为消费销售时点系统、转账销售时点系统、财务销售时点系统、支票销售时点系统。

（1）消费销售时点系统具有消费、预授权、查询支付名单等功能，主要应用于特约商户银行卡消费。

（2）转账销售时点系统主要应用于持卡人代理收费的中间业务。

（3）财务销售时点系统又称为结算销售时点系统，主要应用于企事业单位车旅费等方面的报销业务。

（4）支票销售时点系统是指专门受理企业签发转账支票的销售时点系统。

2. 商业类销售时点系统的分类

（1）小型／便携型销售时点系统，是一种小型的终端处理器，其内部组装了扫描器、译码器、显示器和数据处理器，适用于火车、飞机、轮船等移动性售货场所，最后销售完成后，销售数据可自动传送到主计算机。

（2）可进行大量事务处理的大型销售时点系统。

（3）在一般销售时点系统基础上发展起来的 EDI 电子自动装货／供货系统。

四、销售时点系统的特点

销售时点系统的特点包括分门别类管理、自动读取销售时点信息、信息集中化管理、连接供应链。

1. 分门别类管理

（1）单品管理。

利用销售时点系统可以实现对不同货物的单品管理，追踪货物的信息，同时对库存量进行控制，及时补货，保证最优库存量。

（2）员工管理。

利用销售时点系统可以实现员工基本信息维护与管理，合理调节人员配置，降低人工成本，同时可以进行业绩考核和绩效分配。

（3）客户管理。

利用销售时点系统可以统计客户消费信息，并进行数据分析，从而合理安排货物的摆放位置，以促进客户的消费能力，节省客户购买时间。

2. 自动读取销售时点信息

客户结账时，销售时点系统通过扫描器自动读取商品标签上的信息，在销售商品的同时获得实时的销售信息是销售时点系统的最大特点。企业可根据信息的分析结果制定具体的营销策略和利益最大化的实施方案。

3. 信息集中化管理

在各个销售时点系统终端获得的销售时点信息以在线连接的方式汇总到总部，与其他部门发送的有关信息一起由总部的信息系统加以集中并进行加工分析。总部对所有信息集中管理，统一分配资源。

4. 连接供应链

供应链参与企业合作的主要领域之一是信息共享，而销售时点信息是企业经营中最重要的信息之一，通过它能及时把握客户的需求信息。供应链参与企业可以利用销售时点信息结合其他信息来制订企业的经营计划和市场营销计划。

五、零售商销售时点系统的运行步骤

零售商销售时点系统的运行步骤如下。

（1）零售商的销售商品都贴有表示该商品信息的标签。

（2）客户结账时，收银员使用扫描器自动读取商品标签上的信息，通过店铺内的微型计算机确认商品的单价，计算客户购买商品的总金额等，同时返回给收银机，打印出客户购买清单。

（3）各个店铺的销售时点信息通过 VAN（增值网）传送给总部或物流中心。

（4）总部或物流中心利用销售时点信息来进行库存调整、配送管理、商品订货等作业。通过对销售时点信息进行加工分析来掌握消费者购买动向，有利于工作人员找出畅销商品和滞销商品，进行商品品种配置、商品陈列、价格设置等方面的作业。

（5）在零售商与供应链的上游企业（批发商、生产厂家等）结成战略联盟的情况下，零售商可利用 VAN 以在线的方式把销售时点信息传送给上游企业，上游企业可以利用销售现场最及时、最准确的销售信息制订经营计划并进行决策。

六、移动 POS 系统

（一）移动 POS 系统的含义

移动 POS 系统是 GSM 系统（全球移动通信系统）和 POS 系统相结合的产物，主要由移动 POS 机、通信平台、网关及应用服务器、金卡中心和商业银行系统组成。

其中，移动 POS 机具有有线 POS 机的一切功能，必要时移动 POS 机本身还可作为手机使用。由于无须布线，简单易行，因此移动 POS 系统比传统 POS 系统更有优越性，应用领域更广泛。移动 POS 机如图 2-3-2 所示。

图 2-3-2　移动 POS 机

（二）移动 POS 系统的功能

移动 POS 系统的功能如表 2-3-2 所示。

表 2-3-2　　　　　　　　　　　　移动 POS 系统的功能

功能		功能介绍
销售功能	销售管理	完成日常的简单销售，包括会员折扣、整单默认折扣设定，单据付款方式选择等
	销售修改	可以修改先前零售单中商品的价格和数量
	业绩查询	可查询每日或一段时期内的销售业绩、营业员业务量等情况

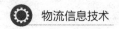

续　表

功能		功能介绍
盘点功能	盘点管理	对登录用户的店铺权限不做任何限制，可以对任意店铺、任意货架进行盘点，以核实际库存，保证库存的标准性
	新增条码	需要对移动 POS 系统条码库中不存在的商品进行盘点或采集，而又无法下载最新的条码信息时，可以通过手工增加新条码来实现这一功能
报表功能		图形化表格对数据的分析更直观
学习功能		移动 POS 系统具有图片浏览、视频观看、文档查阅等功能，管理人员可以将公司培训资料直接下发到各终端的营业员

☀ 扫一扫

请扫描左侧的二维码，阅读材料。

✎ 思政提升

三个石匠的故事

有三个石匠在打石头，有个路人经过，问他们在做什么？

第一个石匠说："我在打石头，养家糊口。"

第二个石匠说："我在做全国最好的石匠活。"

第三个石匠说："我在建造一座大教堂。"

如果你是这三个石匠的领导者，他们是你手下的三个员工，请问，哪一个石匠最让你放心？哪一个石匠最让你担心？

对于"哪一个石匠最让你担心"这个问题，绝大多数人分成了两派。一派认为，第三个石匠最让人担心。第三个石匠说他在建造一座大教堂。这一派认为，这说明第三个石匠好高骛远，不安心于本职工作。还有一派认为，第一个石匠最让人担心。第一个石匠对工作没有热情、没有动力，很可能只是应付了事。

德鲁克和马利克的答案跟绝大多数人想的不一样，他们一致认为，第三个石匠最让人放心，第二个石匠最让人担心。

我们从系统思维的角度去理解大师的答案。三个石匠和石头，这都是部分，三个石匠之间、三个石匠和石头之间都有连接。他们为什么打石头？目标是要建造一座大教堂。

当我们知道了这个故事的部分和整体之后，就要依照系统思维在整体之中理解部分。

把三个石匠放到系统之中去理解，就能明白为什么第三个石匠最让人放心了。因为他知道整体的目标是什么，即建造一座大教堂。尽管他只是一个部分，但是他把整体的目标放在心中，他就会让自己的个人目标符合整体目标的要求。第三个石匠不是好高骛远，不是不安心本职工作，他是在更远、更高的层次，更准确地理解了自己的本职工作。

为什么第二个石匠比第一个石匠更让人担心呢？恰恰是因为他有热情，有动力，但是他的热情和动力是个人的目标，跟组织的目标并不完全一致。

系统思维简单来说就是对事情全面思考，不只就事论事，把想要达到的结果、实现该结果的过程、过程优化及结果对未来的影响等一系列问题作为一个整体系统进行研究。系统思维是人们洞察客观世界和解决系统动态复杂性问题的以简驭繁的通用钥匙。

作为当代年轻人，我们在处理问题时，一定要具备系统思维，全面、系统地思考问题，才能把难题化繁为简，更好地发挥自己的光和热。

任务实施参考答案

步骤一：做好收银前的准备工作。

请做好收银前的准备工作。

1. 认领备用金

郭琳需要认领、清点好备用金，备用金一般为 500 元，搞活动的时候需要多准备一些。

2. 准备好工具

检查验钞机、消磁取钉器及 CD 取钉器、现金布袋、笔、便条纸、海绵缸、订书器、购物袋、暂停收款牌、收银小票纸带、干净抹布等是否齐全。

3. 开机检查

（1）检查收银机电源连接情况，启动收银机，输入账号和密码登录收银机，检查其运作是否正常。

（2）检查收银机的电源指示灯是否亮了，电脑屏幕是否显示为"网络"状态。

（3）检查小票打印机的电源是否接好，是否准备好色带。

（4）检查刷卡机连接是否良好，里面的纸是否充足。

（4）清理好收银工作台，整理和补充好其他备用品。

（5）注意当班卖场中有无特别的商品价格变化，熟记当班卖场中的商品布局、捆绑商品和商品大类编号。

4. 准备收银

电脑进入收银操作主界面。选择"销售"菜单，进入销售状态。此时就可以为客户进行收银操作了。

步骤二：录入商品信息。

请录入客户购买商品的信息。

1. 商品条码信息扫描

当客户所购商品送至收银台之后，郭琳拿起扫描器对准商品外包装上的条码进行扫描、读取（熟食、真空包装商品的条码展平对准扫描器，生鲜、冷冻商品擦干后对准扫描器。对于客户所购商品的价格是用扫描器扫入电脑的，一律不许用手工通过键盘输入）。

当听到"嘀"的声音，表示商品价格已被扫入电脑，电脑屏幕将显示出此商品的所有信息，如商品名称、货号、零售价、购买数量等；如果此商品参与打折或积分活动，收银系统会自动计算此商品的折扣率以及折扣后金额。

2. 扫描所有商品，查看总金额

一款商品读取完毕，接着以同样方式对下一款商品进行扫描。每扫描一件商品，都应注意核对商品价格、名称是否与实物相符。

扫描商品的同时，应注意防损。要眼观六路，耳听八方，防止有人夹带、调包。扫描完成，收银系统自动计算出所有购买商品的总金额。

3. 确定最终结算金额

对持有会员卡的客户，收银员在电脑中输入客户的会员卡卡号，接下来将能查看客户的姓名、会员卡余额以及所享受折扣率，根据折扣后金额进行结算。

步骤三：打印票据。

请为客户打印结算小票。

完成上面的一系列操作后，使用小票打印机打印客户的购物发票，收银完成。

项目三　生产物流信息技术

任务一　物料需求计划

⚒ 任务目标

通过本任务的学习，可以达成以下目标。

知识目标	1. 掌握物料需求计划的概念 2. 掌握物料需求计划的特点 3. 熟悉物料需求计划的基本逻辑 4. 了解物料需求计划的适用条件 5. 了解物料需求计划的应用基础
技能目标	1. 能总结物料需求计划需要的基本数据 2. 能理解物料需求计划的计算步骤和约束条件
思政目标	培养计划意识和规范意识

⏱ 任务发布

万隆电子材料（昆山）有限公司（以下简称万隆电子）是一家集研发、设计、生产、销售小型电子精密设备、耗材及提供文印输出解决方案于一体的中国企业。近年来，随着公司的发展，公司的业务量不断增加，物资的流通也越来越复杂，对物流的控制提出更高的要求。在物流成本中，占比最大的就是物料的管理成本，这使得万隆电子在行业竞争中处于相对劣势的地位，提高物料管理工作效率成了亟须解决的问题。

请对万隆电子的物料管理工作进行科学合理的分析，提出符合公司物料管理现状、降低物料管理成本的一套解决方案，使得万隆电子物料管理向科学化、合理化的方向发展。

任务引导

引导问题 1：什么是物料需求计划？物料需求计划的目的是什么？

引导问题 2：你使用过哪些物料需求计划系统？尝试举例说明。

任务工单

物料需求计划的任务工单如表 3 - 1 - 1 所示。

表 3 - 1 - 1 　　　　　　　　　　物料需求计划的任务工单

任务名称：	
组长：	组员：
任务分工：	
方法、工具：	
任务步骤：	

任务实施

步骤一：分析万隆电子物料管理现状及问题。

请对公司的物料采购现状进行调研。

步骤二：制定物料管理改进方案。

请根据万隆电子的现状及存在问题制定物料管理改进方案。

步骤三：绘制优化后的采购流程。

（1）请绘制万隆电子优化后的采购流程。

（2）请总结物料需求计划行之有效的实施方法。

任务评价

学生互评表

任务名称			物料需求计划					
班级		组别			姓名		学号	
评价项目 （占比）			评价标准				满分 （分）	得分 （分）
考勤（10%）			学生考勤情况（无故旷课、迟到、早退出现一次扣10分，请假一次扣2分）				10	
学习能力 （10%）	合作学习能力		小组合作参与程度（优6分、良4分、一般2分、未参与0分）				6	
	个人学习能力		个人自主探究参与程度（优4分、良2分、未参与0分）				4	
工作过程 （60%）	认识物料需求计划		能阐述物料需求计划的概念和特点（每错一处扣1分）				10	
			能阐述物料需求计划的基本逻辑（每错一处扣1分）				10	
			能阐述物料需求计划的适用条件（每错一处扣2分）				10	
	实施物料需求计划		能总结物料需求计划的应用基础（每错一处扣5分）				10	
			能梳理物料需求计划的计算步骤（每错一处扣5分）				10	
			能总结物料需求计划的约束条件和实施方法（每错一处扣5分）				10	
工作成果 （20%）	成果完成情况		能按规范及要求完成任务（未完成一处扣2分）				10	
	成果展示情况		能按要求实施物料需求计划（失误一次扣5分）				10	
总得分								

教师评价表

任务名称			物料需求计划				
授课信息							
班级		组别		姓名		学号	

评价项目（占比）		评价标准	满分（分）	得分（分）
考勤（10%）		学生考勤情况（无故旷课、迟到、早退出现一次扣 10 分，请假一次扣 2 分）	10	
学习能力（10%）	合作学习能力	小组合作参与程度（优 6 分、良 4 分、一般 2 分、未参与 0 分）	6	
	个人学习能力	个人自主探究参与程度（优 4 分、良 2 分、未参与 0 分）	4	
工作过程（60%）	认识物料需求计划	能阐述物料需求计划的概念和特点（每错一处扣 1 分）	10	
		能阐述物料需求计划的基本逻辑（每错一处扣 1 分）	10	
		能阐述物料需求计划的适用条件（每错一处扣 2 分）	10	
	实施物料需求计划	能总结物料需求计划的应用基础（每错一处扣 5 分）	10	
		能梳理物料需求计划的计算步骤（每错一处扣 5 分）	10	
		能总结物料需求计划的约束条件和实施方法（每错一处扣 5 分）	10	
工作成果（20%）	成果完成情况	能按规范及要求完成任务（未完成一处扣 2 分）	10	
	成果展示情况	能按要求实施物料需求计划（失误一次扣 5 分）	10	
总得分				

任务反思

在完成任务的过程中，遇到了哪些问题？是如何解决的？

知识学习

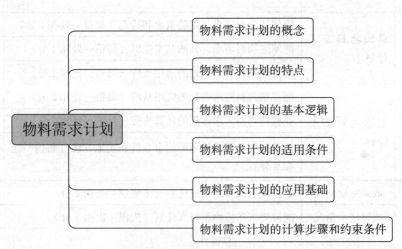

一、物料需求计划的概念

《物流术语》（GB/T 18354—2021）中指出，物料需求计划（Material Requirements Planning，MRP），是指利用一系列产品物料清单数据、库存数据和主生产计划计算物料需求的一套技术方法。

物料需求计划是以生产计划为中心，把与物料管理有关的"产、供、销"等各个环节的活动有机地联系起来，形成一个解决"产、供、销"脱节问题的信息化管理系统。可以说，物料需求计划是一种管理方法、一种实用技术。它解决了如何实现制造业库存管理目标，即在正确的时间按正确的数量得到所需的物料这一难题。

制订物料需求计划必须具备以下基本内容。

1. 主生产计划（MPS）

MPS 指明了在某一计划时间段内应生产出的各种产品，它是制订物料需求计划的重要数据来源。

2. 物料清单（BOM）

BOM 指明了物料之间的结构关系，以及每种物料需求的数量，它是物料需求计划系统中最为基础的数据。

3. 库存记录（Stock Record）

库存记录能反映每个物料品目的现有库存量和计划接受量的实际状态。

4. 提前期（Lead Time）

提前期决定着每种物料何时开工、何时完工或何时订货、何时到货。

应该说，这四项内容都是至关重要、缺一不可的。缺少其中任何一项内容或任何一项内容中的数据不完整，制订的物料需求计划都将是不准确的。因此，在制订物料需求计划之前，这四项内容必须先完整地收集到，而且保证是绝对可靠的、可执行的内容。

☀ 扫一扫

请扫描左侧的二维码，观看视频。

二、物料需求计划的特点

1. 需求的相关性

在流通企业中，各种需求往往是孤立的。而在生产企业中，需求具有相关性，根据订单确定了所需产品的数量之后，由产品结构文件即可推算出各种零部件和原材料的数量，这种根据逻辑关系推算出来的需求称为相关需求。不但品种、数量有相关性，需求时间与生产工艺过程也是相关的。

2. 需求的确定性

物料需求计划的需求都是根据生产排程、产品结构文件和库存文件精确计算出来的，品种、数量和需求时间都有严格要求，不可改变。

3. 计划的复杂性

物料需求计划要根据主产品的生产计划、产品结构文件、库存文件、生产时间和采购时间确定主产品的整个作业流程。

三、物料需求计划的基本逻辑

物料需求计划的管理理念强调"需求导向，以需定供"。将企业内部物料的需求按照来源进行分类，可分为独立需求和相关需求两种类型。

1. 独立需求

独立需求指不由企业内部其他需求推算出来的需求。独立需求是需求量和需求时间由市场或客户来决定的外部需求，例如，某自行车生产企业，客户对自行车的需求就是公司的一项独立需求。客户对自行车的需求是与企业内部需求无关的，是客户对企业最终产品的需求，只能通过预测或者消费者订单来确定。

2. 相关需求

相关需求指由企业内部其他需求推算而来的需求。例如，企业对构成最终产品的原材料或者零部件的需求就属于相关需求。物料相关需求往往不是客户的直接需求，而是中间产品或最终产品相关的物料需求，物料相关需求与其他物料需求存在时间、数量上的相关性。

所以，物料需求计划的基本任务包括以下两个方面。一方面是从最终产品的生产计划推导出相关物料（比如原材料、零部件等）的需求量和需求时间。在这里，生产计划是独立需求，原材料、零部件等是相关需求。另一方面是根据物料的需求时间和生产周期来确定其开始生产的时间。

要完成物料需求计划的基本任务，就要遵循物料需求计划的基本逻辑：在制订物料需求计划之前，要先明确生产计划进度和主产品的层次结构，然后逐层、逐个地求出主产品所有零部件的出产时间、出产数量，再根据库存状态，确定各物料的净需求量。如果零部件是企业内部生产的，需要根据零部件的生产时间长短提前安排投产时间，形成投产计划；如果零部件需要从企业外部采购，则要根据订货提前期来确定订货时间、采购的数量，形成采购计划。

企业按照这些投产计划和采购计划进行生产和采购，就可以实现所有零部件的出产计划，这样不仅能够保证产品的交货期，而且还能够减少原材料的库存，减少流动资金的占用。

物料需求计划的基本逻辑如图 3 – 1 – 1 所示。

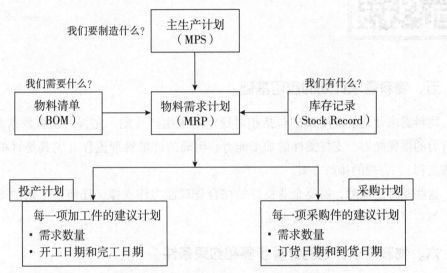

图 3 – 1 – 1　物料需求计划的基本逻辑

四、物料需求计划的适用条件

物料需求计划的基本功能是实现物料信息的集成，保证及时供应物料，减少库存，提高生产效率。要想正确应用物料需求计划实现既定的功能，就要满足以下条件。

（1）为达到生产需求计划（投产计划）和采购需求计划（采购计划）的准确性，其生产周期和相关物料的采购周期必须设定准确。

（2）物料清单必须设定准确，明确一件产品所需的零部件及其数量。

（3）现存量账面数与实物数必须一致，不能出现负库存。

（4）销售订单、生产订单、采购订单必须与实际业务吻合，及时变更处理不正常订单。

（5）物料需求计划要根据实际情况及时调整。

（6）车间严格按照生产订单进行领料、退料及完工入库作业。

（7）仓库严格按照采购订单进行入库作业。

（8）仓库严格按照销售订单进行发货作业。

☀ 扫一扫

请扫描左侧的二维码，阅读材料。

五、物料需求计划的应用基础

物料需求计划的应用基础包括相对稳定的主生产计划、完善的物料数据及 BOM、强有力的供保能力、支持柔性的加工能力、明确的订单管理流程（尤其是订单的变更管理流程）、合理的排产方案。

这些条件的保障，需要企业良好的综合管理能力作支撑，任何一个条件得不到满足，都有可能引起生产组织的不畅。

六、物料需求计划的计算步骤和约束条件

1. 计算步骤

一般来说，物料需求计划的制订遵照先通过主生产计划推导出有关物料的需求量与需求时间，然后根据物料的提前期确定投产或订货时间的计算思路。其基本计算步骤如下。

（1）计算毛需求量，即根据主生产计划、物料清单得到第一层级物料品目的毛需求量，再通过第一层级物料品目的毛需求量计算出下一层级物料品目的毛需求量，依次一直往下展开计算，直到计算出最低层级原材料毛坯或采购件的毛需求量为止。

（2）计算净需求量，即根据毛需求量、可用库存量、已分配量等计算出每种物料的净需求量。

（3）批量计算，即由相关计划人员对物料生产作出批量策略决定，不管采用何种批量规则或不采用批量规则，净需求量计算出来后都应该表明是否有批量要求。

（4）计算安全库存量、废品率和损耗率，即由相关计划人员来规划是否要对每个物料的净需求量进行安全库存量、废品率和损耗率的计算。

完成以上计算步骤后，根据提前期生成物料需求计划，该物料需求计划需要通过

能力、资源平衡确认后，才能正式下达。

物料需求计划的再次生成大致有两种方式。第一种方式是对库存信息重新计算，同时覆盖原来计算的数据，生成的是全新的物料需求计划；第二种方式则是在制订、生成物料需求计划的条件发生变化时，才相应地更新物料需求计划有关部分的记录。这两种生成方式都有实际应用的案例，至于选择哪一种要看企业实际的条件和状况。

2. 约束条件

物料需求计划的核心功能是计算净需求量，计算净需求量时的约束条件如下。

（1）订单 BOM 和 BOM 变更追踪。计算净需求量时，可以追踪特殊的 BOM 及 BOM 的变更。由于在定制设备的制造场景中，BOM 是多次下达且频繁变更的，每次计算净需求量时，可以记录 BOM 多次下达和变更情况，实现设计过程的追踪和用料、用量的变化。

（2）批量分拆和合并。批量分拆和合并可以实现装配段、加工段等多个工序段不同经济批量的分拆和合并，如装配段分拆、零件段合并。零件段的合并要按照各个工序段的经济批量合并，并考虑一定的合并周期。

（3）最小包装量或最小起订量。在外购时，供应商一般会规定最小包装量或最小起订量。可以将需求量圆整为最小包装量、最小起订量等参数。

（4）参数化多级损耗控制。由于 BOM 是多层级的，半成品在生产过程中因为工艺不同，每个工序段的生产损耗会不同，且损耗率与生产批量大小有关。可以根据不同的工序段，设置不同的工序损耗率。不同工序段的损耗率可以累计，并根据生产订单量的大小，自动调整。比如，生产订单量为 1000 时，损耗率是 5‰；当生产订单量为 3000 时，损耗率是 3‰。

（5）补库和优先级。可以根据预先设置的正常补库点和安全库存点，自动生成生产订单并对生产订单的优先级进行设置。例如，安全库存点以下的生产任务设置为优先级最高，而正常补库点以下、安全库存点以上的生产任务设置为优先级正常。在排程时，优先级正常的生产任务，可以见缝插针排程，填空式地均衡产能。

（6）齐套日期计算和物料替代。计算净需求量时，可以根据生产前置期、采购前置期和订单需求，计算出生产订单的齐套日期。而且在计算齐套日期时，应考虑生产订单所需要的物料替代。物料替代时，可以考虑单料或组料替代，也可以考虑全量替代和非全量替代，以提高物料的齐套性。

（7）批次和成套。独立需求与相关需求之间，实现"批次—批次"的对应计算，即批次的相关需求与特殊批次的独立需求对应。计算相关需求时，可以考虑物料之间的成套关系。

（8）交期承诺。在装配类的制造场景中，MRP还有一个超级功能，就是实现交期承诺，即订单承诺交期＝齐套日期＋缓冲周期。更加关键的是MRP进行交期承诺时，还可以进行物料的预分、预占、预留，确保已经承诺的订单物料不被挪用、抢用，确保实现交期承诺。

思政提升

计划的重要性

曾有人做过一次实验，组织三组人向一万米以外的村庄步行前进。

第一组不知道村庄的名字，也不知道有多远，只是跟着向导走。结果这个组刚走了两三千米就有人叫苦，走到一半时，有的人甚至再也不肯走了，越走人的情绪越低。

第二组知道去哪个村庄，也知道它有多远，但路边没有里程碑。走到一半时开始有人叫苦，走到四分之三的路程时，大家情绪低落了，觉得路程太远了。当有人说快到了的时候，大家又都振作起来，加快了脚步。

第三组不仅知道路程有多远，去的村庄叫什么名字，而且路边每隔一千米都有一个里程碑。当他们走了五千米之后，每再看到一个里程碑，便爆发一阵欢呼声。走了七八千米之后，大家大声唱歌、说笑，以驱走疲劳。最后两千米，他们情绪越来越高，因为他们知道胜利就在眼前了。

组织中任何一项管理活动都需要按计划执行，否则就是盲目行动，组织目标也难以实现。企业应拥有灵活的、与环境相适应的计划，企业经营活动有据可依时易取得较好的效益。

因此，我们无论是在日常学习还是工作中，都要有计划意识和规范意识，不断提升自身对风险或不良结果的预见能力。

任务实施参考答案

步骤一：分析万隆电子物料管理现状及问题。

请对公司的物料采购现状进行调研。

万隆电子的物料采购计划主要是参考销售部给出的年度销售计划的数据来确定的，万隆电子的物料采购流程如图3-1-2所示。

通过对公司的物料采购现状进行调研，发现采购人员的采购行为缺乏科学性。采购依赖以往采购经验，且根据一年更新一次的年度生产计划采购，没有根据实际的需求进行采购，采购计划不能及时修改，造成了物料大量堆积和资金严重积压等后果。

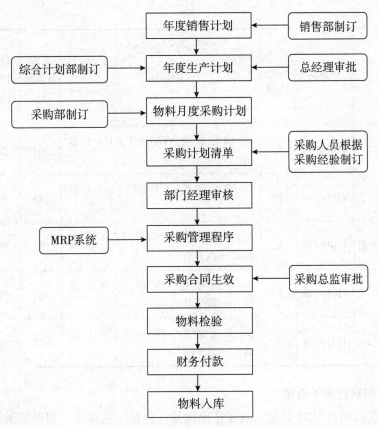

图 3 – 1 – 2 万隆电子的物料采购流程

1. 物料需求计划缺乏科学性

目前，万隆电子在物料需求计划和控制上主要存在需求订单和计划订单不合理的问题。首先，销售部在接到客户订单时，马上将订单录入系统生成需求订单，造成不同订单的同类型产品物料消耗设计量的累计增加，导致需求订单不准确。其次，在实践考察过程中发现，计划人员生成计划订单时比较主观，导致计划订单比实际订单多。这种现象反映了万隆电子的物料需求计划缺乏科学性。计划订单多余情况如表 3 – 1 – 2 所示。

表 3 – 1 – 2 计划订单多余情况

订单日期	工单号	产品代码	物料描述	实际订单量（kg）	计划订单量（kg）	计划订单多余量（kg）
2022 年 3 月 29 日	41018489	A	B—商品碳粉—TN218 （2 + 2 套装）	150	210	60
	41018479	B	A—商品碳粉—PA110B （2 + 2 套装）	235	325	90

续 表

订单日期	工单号	产品代码	物料描述	实际订单量（kg）	计划订单量（kg）	计划订单多余量（kg）
	41018519	C	D—商品碳粉—TN420H（1＋1套装）	164	240	76
	41018519	D	D—商品碳粉—TN420X（2＋1套装）	246	367	121
2022年3月29日	41018470	E	A—商品碳粉—PX110（2＋2套装）—俄罗斯	398	531	133
	41018518	F	B—商品碳粉—TN210（2＋2套装）—俄罗斯	463	570	107
	41018489	G	C—商品碳粉—TN310（2＋1套装）—俄罗斯	251	367	116

2. BOM 物料比例不合理

公司目前运用的 MRP 系统，其工作原理是一种反工艺路线，即根据最终的交货日期和数量，结合 BOM 来反推出下层物料的需求数量和需求时间，导致产生呆料或死料，故 BOM 物料比例不合理，导致生产足够数量的产品时，仍然有多余的物料退回仓库的情况。商品碳粉余料退回联络数据如表 3－1－3 所示。

表 3－1－3　　　　　　　　　商品碳粉余料退回联络数据

物料编码	物料描述	余料重量（kg）	原因
206500360101	混合剂—S348	3085	BOM 用量与实际用量不一致，导致盘盈
204103003201	碳粉类—SN1820 低端彩机碳粉—青色	1200	

步骤二：制定物料管理改进方案。

请根据万隆电子的现状及存在问题制定物料管理改进方案。

1. 延迟订单的输入并整合订单

在 MRP 系统中设计一个订单接收缓冲区，规定一个时间节点，过了这个时间节点就禁止录入订单。在这个时间节点前，把所有放在订单接收缓冲区的订单按照商品的编码汇总起来，到了这个时间节点，计划人员就把销售人员输入的订单信息录入 MRP 系统，并生成物料需求计划。通过对订单的整合，将客户不同时期的定制化订单汇总形成规模化的订单，从而减少每一张订单物料的计划消耗量。这样可以减少采购量，降低库存量和物料占用资金，提高物料的利用率。

2. 专人进行订单评审

目前万隆电子的生产订单中，大部分产品的计划订单比实际订单多。计划人员根据以往的经验进行排产，没有结合产品现有的库存和近期的销售数据进行分析。

（1）根据一定时间段的销售数据统计产品的销售情况。

销售数据最能直观地反映出产品在市场上是否受欢迎和产品在市场中的地位。有效分析历史运营数据与未来销售量之间的关系是企业制定重大销售战略的重要支撑。

由图 3 - 1 - 3 所示的产品近半年内的销售数据可以看出，只有产品 A、E、F、G 这四种商品的销售量明显上涨，产品 B、C 的销售量明显减少，产品 D 的销售量没有太大变化。在计划人员进行排产时，产品 B、C 的排产需要谨慎考虑各方面的因素，避免产品 B、C 生产过多导致库存积压，占用企业资金。

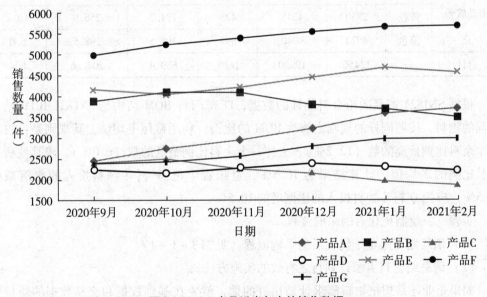

图 3 - 1 - 3 产品近半年内的销售数据

（2）考虑产品的属性。

不同产品的 BOM 结构不同，其加工工艺复杂程度以及对加工设备的要求也不同，零部件等也存在不同的保质期，可以从产品对设备的要求、BOM 结构、产品保质期这三个方面来对生产计划的合理性进行进一步探讨。

3. BOM 物料比例优化

在 MRP 系统中，要想得到准确的物料需求计划数据，产品的 BOM 就得是准确且严谨的。所以，要定期对生产线的生产数据进行收集并分析，在编制物料需求计划时，

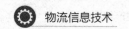

MRP 系统会根据系统中的 BOM 计算出物料的需求量。

实际的生产过程会受到一些因素的影响，导致生产完后有大量的余料产生。通过对生产线一个月的生产情况进行记录并加以分析，发现大部分的余料主要来自混合剂料斗，混合剂料斗下料比例大于碳粉料斗下料比例。接下来就要进行 BOM 物料比例修正。以 BOMA（BOM Accuracy）表示 BOM 的准确率，其基本计算公式如下。

月度 $BOMA$ =（1 - 当月错误 BOM 数量/当月 BOM 总数量）×100%

3 月 SN1821 商品碳粉余料统计如表 3 - 1 - 4 所示。

表 3 - 1 - 4　　　　　　　　　3 月 SN1821 商品碳粉余料统计

产品类型	颜色	订单需求量（kg）	物料总重量（kg）	物料剩余重量（kg）	料斗余料重量（kg）		余料比例（%）
					Q（碳粉）	W（混合剂）	
SN1821 商品碳粉	青色	2360	2360	289	57.8	231.2	12.2
	粉色	2290	3435	373	111.9	261.1	10.9
	黄色	2830	4245	428	171.2	256.8	10.1
	黑色	4970	9940	597	298.5	298.5	6.0
合计	—	12450	19980	1687	639.4	1047.6	8.4

根据 SN1821 商品碳粉余料统计的数据，IT 部门将 BOM 结构与 SN1821 BOM 结构相同的物料，按照同样的规则去修改 BOM 的比例，利用截尾平均法，其规则是：去掉一个余料比例最高的数（12.2%），去掉一个余料比例最低的数（6.0%），求其他所有余料比例的平均值，计算结果为 10.5%，意味着应把 W 料斗物料投入的比例减少10.5%，应把 Q 料斗物料投入的比例增加 10.5%。

步骤三：绘制优化后的采购流程。

（1）请绘制万隆电子优化后的采购流程（见图 3 - 1 - 4）。

（2）请总结物料需求计划行之有效的实施方法。

如果企业还是想把物料需求计划用好的话，就要在基础数据和交易数据的质量提升上下功夫，具体可以从以下几个方面来进行。

①全面、系统、周期性地组织相关教育和培训工作，帮助员工建立起对物料需求计划准确和完整的认知，让员工从思想和行为上拥抱物料需求计划。

②建立和完善数据管理流程，尤其是基础数据的创建、变更和发布流程，确保基础数据的维护质量。

③充分应用条码、RFID、物联网、人工智能、系统集成等技术，实现交易数据的准确、实时和完整采集，尽量减少因人工录入所带来的随意性、滞后性等弊端。

④建立、健全相关数据的管理组织，完善数据所有者和数据管家的岗位或角色的

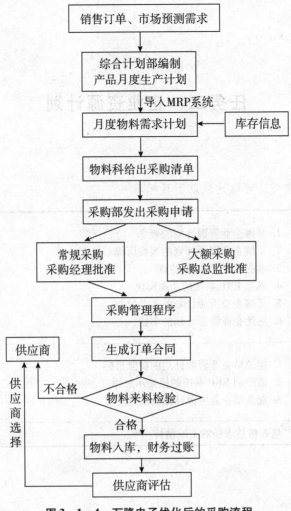

图 3 - 1 - 4　万隆电子优化后的采购流程

设置，保证数据质量有专人负责，并从数据生命周期的事前、事中等环节来确保数据质量。

⑤建立、健全相关数据的治理机制，推行数据审计制度，将数据质量与相关岗位的绩效挂钩，用激励的手段来确保数据质量。

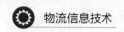

任务二　企业资源计划

🛠 任务目标

通过本任务的学习，可以达成以下目标。

知识目标	1. 掌握企业资源计划的概念 2. 了解企业资源计划的演变历程 3. 掌握 ERP 系统的特点 4. 熟悉 ERP 系统的功能模块 5. 了解企业资源计划的业务效益 6. 熟悉企业资源计划的实施
技能目标	1. 能总结企业资源计划的功能目标 2. 能绘制 ERP 系统的框架示意图 3. 能总结企业资源计划的实施方法
思政目标	培养精益求精的工匠精神

🕐 任务发布

万隆电子的业务遍布全球，因生产需要，某些生产原料需要从国外进口，这就要求生产部门一定要做好物料需求计划，以免断供，影响生产。公司目前应用物料需求计划和企业资源计划（Enterprise Resource Planning，ERP）来管理采购和生产工作，大大提高了生产效率。

王力是刚入职到生产部门的一名新员工，通过几天的学习，王力已经对物料需求计划系统有了比较深入的了解。接下来，生产部门的项目主管要求王力尽快熟悉公司的企业资源计划系统。

请问，王力应该如何尽快熟悉企业资源计划系统呢？

📍 任务引导

引导问题 1：什么是企业资源计划？企业资源计划的目标是什么？

引导问题2：你使用过哪些企业资源计划系统？尝试举例说明。

📎 **任务工单**

企业资源计划的任务工单如表3-2-1所示。

表3-2-1 企业资源计划的任务工单

任务名称：	
组长：	组员：
任务分工：	
方法、工具：	
任务步骤：	

🖽 **任务实施**

步骤一：总结企业资源计划的功能目标。

请整理出企业资源计划的功能目标。

步骤二：绘制ERP系统的框架示意图。

请绘制 ERP 系统的框架示意图。

步骤三：总结企业资源计划的实施方法。

请总结如何行之有效地实施企业资源计划。

任务评价

学生互评表

任务名称		企业资源计划				
班级		组别		姓名		学号	
评价项目（占比）		评价标准			满分（分）	得分（分）
考勤（10%）		学生考勤情况（无故旷课、迟到、早退出现一次扣 10 分，请假一次扣 2 分）			10	
学习能力（10%）	合作学习能力	小组合作参与程度（优 6 分、良 4 分、一般 2 分、未参与 0 分）			6	
	个人学习能力	个人自主探究参与程度（优 4 分、良 2 分、未参与 0 分）			4	
工作过程（60%）	认识企业资源计划	能阐述企业资源计划的概念（每错一处扣 1 分）			10	
		能阐述企业资源计划的演变历程（每错一处扣 1 分）			10	
		能总结企业资源计划的功能目标（每错一处扣 2 分）			10	
	能够实施企业资源计划	能阐述 ERP 系统的功能模块（每错一处扣 5 分）			10	
		能绘制 ERP 系统的框架示意图（每错一处扣 5 分）			10	
		能总结企业资源计划的业务效益和实施方法（每错一处扣 5 分）			10	
工作成果（20%）	成果完成情况	能按规范及要求完成任务（未完成一处扣 2 分）			10	
	成果展示情况	能介绍企业资源计划的实施方法（失误一次扣 5 分）			10	
总得分						

教师评价表

任务名称		企业资源计划				
授课信息						
班级		组别		姓名		学号	
评价项目（占比）		评价标准			满分（分）	得分（分）
考勤（10%）		学生考勤情况（无故旷课、迟到、早退出现一次扣 10 分，请假一次扣 2 分）			10	

续　表

评价项目 （占比）		评价标准	满分 （分）	得分 （分）
学习能力 （10%）	合作学习能力	小组合作参与程度（优6分、良4分、一般2分、未参与0分）	6	
	个人学习能力	个人自主探究参与程度（优4分、良2分、未参与0分）	4	
工作过程 （60%）	认识企业资源计划	能阐述企业资源计划的概念（每错一处扣1分）	10	
		能阐述企业资源计划的演变历程（每错一处扣1分）	10	
		能总结企业资源计划的功能目标（每错一处扣2分）	10	
	能够实施企业资源计划	能阐述ERP系统的功能模块（每错一处扣5分）	10	
		能绘制ERP系统的框架示意图（每错一处扣5分）	10	
		能总结企业资源计划的业务效益和实施方法（每错一处扣5分）	10	
工作成果 （20%）	成果完成情况	能按规范及要求完成任务（未完成一处扣2分）	10	
	成果展示情况	能介绍企业资源计划的实施方法（失误一次扣5分）	10	
总得分				

任务反思

在完成任务的过程中，遇到了哪些问题？是如何解决的？

知识学习

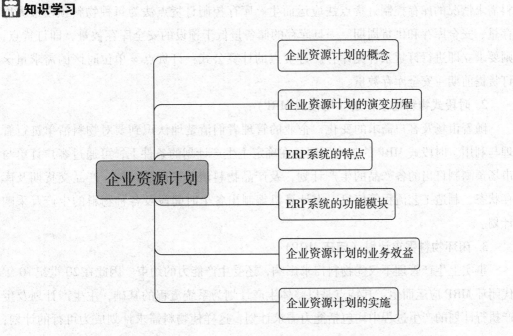

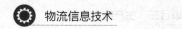

一、企业资源计划的概念

《物流术语》（GB/T 18354—2021）中指出，企业资源计划（Enterprise Resource Planning，ERP）是在制造资源计划（MRPⅡ）的基础上，通过前馈的物流和反馈的信息流、资金流，把客户需求和企业内部的生产经营活动以及供应商的资源整合在一起，体现按用户需求进行经营管理的一种管理方法。

换言之，企业资源计划将企业内部所有资源整合在一起，对采购、生产、库存、分销、运输、财务、人力资源进行规划，从而达到最佳资源组合，取得最佳效益。

ERP系统汇集了离散型生产和流程型生产的特点，在先进的企业管理思想的基础上，把计划、组织、协调和控制等多种管理功能合为一体，有效配置各项资源，加快市场的反应速度，降低成本，提高效率和效益，为企业决策层及一线员工提供决策运行手段，从而全面提升企业竞争力。

二、企业资源计划的演变历程

企业资源计划的形成与发展大致经历了六个阶段：库存控制订货点法、时段式物料需求计划（时段式MRP）、闭环物料需求计划（闭环MRP）、制造资源计划（MRPⅡ）、企业资源计划（ERP）和企业资源计划Ⅱ（ERPⅡ）。

1. 库存控制订货点法

在20世纪40年代计算机技术应用普及之前，发出订单和进行催货是一个库存管理系统在当时所能做的一切工作。为改变这种被动的情况，用过去的经验预测将来的物料需求情况的库存控制订货点法应运而生。库存控制订货点法为每种物料预设最大库存量、安全库存和供货周期。一旦库存的储备量低于预设的安全库存数量，即订货点，则要求立即进行订货来补充库存。订货点的计算公式：订货点＝单位时区的需求量×订货提前期＋安全库存数量。

2. 时段式物料需求计划（时段式MRP）

随着市场及客户需求的变化，企业的管理者们清楚地认识到要对物料清单进行管理与利用。时段式MRP的基本原理是在确定主生产计划的条件下，可通过客户订单与市场预测制订出的各产品的生产计划，及产品物料清单或产品结构、产品交货期及库存状态、制造工艺流程等信息，由计算机编制出各个时间段及各种物料的生产及采购计划。

3. 闭环物料需求计划（闭环MRP）

事实上生产管理不仅受物料需求影响，还受生产能力的约束。因此在20世纪70年代闭环MRP应运而生。其特点是以整体生产计划为系统流程的基础，主生产计划及生产执行计划的产生过程中均包括能力需求计划，这样使物料需求计划成为可行的计划；

具有车间现场管理、采购等功能，各部分相关的执行结果均可立即取得和更新；未来的物料短缺不是等到短缺发生时才予以解决，而是事先予以考虑；增加生产能力计划、生产活动控制、采购和物料管理计划三方面的功能。

4. 制造资源计划（MRPⅡ）

在 20 世纪 80 年代初，闭环 MRP 经过发展和扩充逐步形成了制造资源计划的生产管理方式。制造资源计划是以闭环 MRP 为核心的闭环生产计划与控制系统，将闭环 MRP 的信息共享程度扩大，使生产、销售、财务、采购紧密结合在一起，共享有关数据，组成一个全面生产管理的集成优化模式。MRPⅡ是以生产计划为主线，对企业制造的各种资源进行统筹和控制的有效系统，也是使企业物流、信息流、资金流畅通的动态反馈机制，MRPⅡ成为制造业所公认的管理标准系统。

5. 企业资源计划（ERP）

ERP 概念由美国著名的咨询公司 Gartner（高德纳）提出，由于这一概念反映了 MRPⅡ 的发展特点和要求，所以立即得到广泛的认同。与 MRPⅡ 相比，ERP 除了具有 MRPⅡ 的各种功能，更加面向全球市场，功能更为强大，所管理的企业资源更多，支持混合式生产方式，管理覆盖面更宽，并涉及企业供应链管理，从企业全局角度进行经营与生产计划，是制造企业的综合集成经营系统。ERP 所采用的计算机技术也更加先进，形成了集成化的企业管理软件系统。

ERP 的核心思想主要有两点。一是实现两个集成：内部集成，包括产品研发、核心业务、数据采集等；外部集成，包括企业与供应链上所有合作伙伴的集成。二是实现整个供应链的设计、监控与优化等，实现增值与共赢。

6. 企业资源计划Ⅱ（ERPⅡ）

21 世纪初，Gartner 在原有 ERP 的基础上提出了 ERPⅡ 的新概念。ERPⅡ 是通过支持、优化企业内部和企业间的协同运作，创造客户和股东价值的一种商务战略和一套面向具体行业领域的应用系统。为了区别于 ERP 对企业内部管理的关注，ERPⅡ 引入了"协同商务"的概念。协同商务是指具有共同商业利益的伙伴之间的电子化业务的交互过程。为了使 ERP 流程和 ERP 系统适应这种变化，企业对 ERP 的流程及外部的因素提出了更多要求，这就是 ERPⅡ。

三、ERP 系统的特点

1. 实用性

ERP 系统具有较好的实用性，能够协调企业各管理部门，围绕市场导向开展业务活动，提高企业的核心竞争力，从而取得很好的经济效益。

2. 整合性

ERP 系统的特色之一便是整合整个企业信息系统，比传统单一的系统更具功能性。

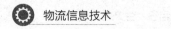

3. 弹性

ERP 系统采用模块化的设计方式，使其可应企业需要新增模块来支持并整合企业业务，提升企业的应变能力。

4. 实时性

ERP 系统是对企业信息的整合管理，重在整体性，而整体性的关键就体现在实时和动态管理上。

5. 及时性

ERP 系统的关键是"现实工作信息化"，能够及时将现实中的工作内容与工作方式用信息化的手段来表现，降低出错率。

6. 便利性

在整合的环境下，企业内部所产生的信息，通过 ERP 系统将可在企业任一地方取得与应用。

7. 紧密性

ERP 系统使企业与原材料供应商之间紧密结合，增加其适应市场变动的能力，促进企业与上下游的互动发展关系。

8. 存储性

ERP 系统将原先分散在企业各角落的数据整合起来，提高了数据的一致性，更好地存储数据。

四、ERP 系统的功能模块

ERP 系统的功能模块包括以下四个。

1. 财务管理模块

财务管理模块主要包括总账管理、固定资产管理、报支管理、应收款项管理、应付款项管理、产品账务管理、成本管理及预算管理等模块。企业可根据自身情况选择其所需安装的模块。

2. 生产控制管理模块

生产控制管理模块包括生产计划、物料需求计划、能力需求计划、车间控制、制造标准等模块。以计划为导向，通过整合整个生产过程，将各个生产环节自动连接，前后连贯，从而达到高能、高效的生产力。

3. 物流管理模块

物流管理模块包括销售与客户管理模块、采购与供应商管理模块和库存控制模块。

（1）销售与客户管理模块。

销售与客户管理模块主要可以管理客户信息、销售订单，分析销售结果。该模块的主要功能包括：通过建立、健全客户信息档案，进行针对性的客户服务，以获得更多的客户资源；通过对销售订单的管理，合理安排产品生产计划；通过对销售结果的分析，评估出合理的销售方案、生产方案等，以达到企业收益最大化。

（2）采购与供应商管理模块。

采购与供应商管理模块可进行供应商管理、采购订单管理、采购统计与分析。可实现以下功能。

①确定订货量、甄别供应商和保障产品的安全性。

②随时提供订购、验收信息，跟踪、催促外购或委外加工物料，保证货物及时到达。

③建立供应商档案，通过最新成本信息调整库存管理成本。

（3）库存控制模块。

库存控制模块包括为所有的物料建立库存，管理检验入库、收发物料等日常业务。库存控制模块是动态、真实的库存控制系统，能结合部门需求随时调整库存，并精确地反映库存现状，为正常生产提供保障，同时减少成本占用。

4. 人力资源管理模块

人力资源管理模块包括人力资源规划的辅助决策体系、招聘管理、工资核算、工时管理、差旅核算等模块。人力资源管理模块使碎片化数据得到集中，形成信息集成优势，促进所属单位组织进行调整及划转、人事调配、人工成本管控、统计分析等业务的整合，实现人工成本与财务管理的紧密集成，并为其他模块运行提供组织机构和人员信息等支持保障，助力企业健康发展。

☼ 扫一扫

请扫描左侧的二维码，阅读材料。

五、企业资源计划的业务效益

1. 定量效益

企业资源计划业务效益中的定量效益主要体现在以下几个方面。

（1）降低库存投资，降低库存量，减少库存管理费用，减少库存损耗。

（2）降低采购成本。

（3）提高生产率，包括提高直接人工和间接人工的生产率，减少加班。

（4）提高客户服务水平。

（5）增加利润。

（6）增加流动资金。

2. 定性效益

企业资源计划业务效益中的定性效益主要体现在以下几个方面。

（1）提高工程开发效益，促进新产品的开发。

（2）提高产品质量。

（3）提高企业竞争力。

（4）为科学决策提供依据。

（5）践行以人为本的理念。

（6）建立良好的企业文化。

（7）提供新的就业机会。

总的来说，企业资源计划可以使企业高层领导和各级管理人员随时掌握销售、生产和财务等方面的运行状况，不断改善经营决策，提高企业的应变能力和竞争地位。同时，企业员工素质和精神面貌明显变化，团队精神得到发扬。涌现出一大批既懂管理和生产，又善于应用计算机技术的复合型专业人才。管理人员可从琐碎的事务中解脱出来，致力于实质性的管理工作，实现规范化管理。

六、企业资源计划的实施

企业资源计划的实施包括五个阶段：准备阶段、制定企业资源与作业流程规划阶段、ERP 系统导入阶段、ERP 系统正式运行的准备阶段、ERP 系统的正式实施阶段。

ERP 项目投资大、涉及面广、实施周期长、效益和效果难以量化，涉及的系统架构、业务流程、数据标准化、项目组织和实施策略等方面存在严峻挑战。总的来说，ERP 的实施主要存在以下八个难点。

1. 供应商选型不严谨

（1）供应商资质审查不严格。

企业在对供应商进行资质审查时通常只是了解企业的规模、人员等基本情况，而对企业实施团队、实施经验、行业案例等没有进行深入调查，可是上述情况一旦出现问题有可能会导致 ERP 项目延期甚至中止。

（2）供应商评估不全面。

供应商评估中的难点是很难全面及客观地对供应商进行分析与评估，往往只能依赖选型小组成员凭借自身的观感与经验进行较为感性的评价，对于该如何结合企业自身特点选出最适合企业的供应商存在较大难度。另外，如何选择供应商实施团队也是 ERP 实施的关键，一个好的实施团队是项目成功的关键因素之一，特别是实施团队的项目经理尤其重要，项目经理是否具有同类企业实施经验、项目经理自身的专业素养、项目经理执行力都是重要的评估因素，但凭借选型小组成员自身的能力很难全面且客观地对供应商进行评价，可供应商全面评估的结果会最终体现在 ERP 的实施效果上面。

假如没有细致全面地对供应商的整体实力与人员情况进行考察，可能会导致以下情况：因供应商实施团队经验不足或能力不足导致 ERP 的实施效果不佳；因供应商的售后能力不足导致 ERP 系统上线后企业运维服务受到影响；供应商出现人员频繁变化或者公司倒闭会对 ERP 系统的实施与运维造成直接影响。

（3）供应商合同评审不严谨。

企业和供应商签订合同时，如果企业不重视对技术合同的审查，在实施目标、实施周期、项目经理要求、验收流程及内容、项目变更、付款条件等方面没有进行合理约束，供应商可能会在合同中设置一些对企业不利的条款。假如企业在合同中对实施周期没有严格约束，那么不管供应商计划安排得拖拖拉拉还是供应商不顾项目质量快速推进都会影响 ERP 系统的实施效果，损害企业利益。

再如合同条款中企业对供应商实施团队成员未做合理要求，供应商可能随意变更项目经理，随意将能力强的项目经理换成经验少、能力弱的项目经理，这同样会影响 ERP 系统的实施效果；企业对系统实施目标、系统验收内容与方式等方面没有清晰的界定，就会在系统验收时无法对系统实施效果进行评定，耗费在沟通方面的时间与精力会成倍增加，严重的会造成系统无法验收。

2. ERP 系统实施目标不明确

ERP 系统实施目标不明确的问题在国内企业的 ERP 系统实施中较为普遍，其原因主要是企业制定不出清晰的目标，供应商会尽量避免系统实施目标过于明确，以免系统上线之后难以验收。ERP 系统实施目标是否清晰及是否具有指导性可在 ERP 系统蓝图制定阶段进行甄别。

3. 业务部门需求不系统、不全面

由于企业业务部门可能对 ERP 系统功能了解得不全面，对跨部门之间的系统流程关联不熟悉，除了提出当前较为迫切的业务需求，在 ERP 流程调研及讨论阶段往往提不出全面清晰的系统需求，而供应商也为了避免实施过程中增加工作量或者增加实施难度而尽量避免企业业务人员提出太多需求，这就导致双方讨论出来的需求不能客观地反映企业的实际业务现状。

4. 系统流程与业务流程各行其是

在 ERP 系统蓝图制定阶段经常出现系统流程不完整、讨论不充分并且与业务现状存在冲突的现象，这些现象容易导致系统蓝图与实际业务流程存在两张皮的问题，

系统流程与业务流程各行其是，很多本该通过 ERP 系统处理的业务工作只能在线下完成，而 ERP 系统仅仅成为记录业务数据的工具，系统流程与业务流程的融合成了一句空话。如何避免系统流程与业务流程各行其是是我们在 ERP 系统实施过程中需要重点考虑的。

5. 集成测试不充分

如何保证集成测试能够覆盖企业的所有业务场景并保证集成测试符合企业业务特点是 ERP 实施中面临的难点之一。通常情况下，供应商为了减少工作量只测试标准业务场景，不考虑特殊业务场景或减少特殊场景的测试，并且测试数据量偏少，这些均会导致集成测试无法达成验证 ERP 系统流程与功能的目的。如果 ERP 系统上线后某些场景未在上线前的集成测试中验证，需要重新修改程序与设置并重新安排集成测试，甚至重新规划流程，那么在增加更多工作量的同时也会破坏 ERP 系统稳定性。

6. 上线前准备不充分

上线前的准备工作相当重要，很多企业并不重视上线前的准备工作，如果准备不充分而仓促上线很可能会导致项目上线失败。上线前的准备工作主要针对基础数据准备是否完善、ERP 系统功能是否满足业务需求、ERP 系统流程是否匹配业务需求、培训效果是否达到 ERP 系统操作要求、功能开发与集成接口开发是否完成、上线切换方案是否合理等方面的情况进行确定。企业往往很难全面地掌握所有情况，如果完全依赖供应商的话，供应商不一定会尽职尽责地稽核上述工作的完成情况，或者即使发现某些方面存在问题，为了按时上线也不一定会主动提出来解决。

7. 上线验收标准不统一

ERP 系统上线后的验收阶段，容易出现双方对项目实施成果界定（包括系统蓝图目标实现、系统功能实现、系统需求满足、系统流程覆盖等情况）意见不统一的情况，这可能导致双方无法就 ERP 系统上线验收达成一致意见。曾有企业在 ERP 系统上线两年后还无法验收 ERP 系统。所以，在 ERP 系统上线之前双方就应该对 ERP 系统验收的标准达成统一意见并且确认、签字。

8. 系统运维管理混乱

很多企业认为 ERP 系统上线之后就万事大吉，从而忽视了 ERP 系统的持续改善与建设，也不建立有效的管理制度，从而导致 ERP 系统上线后运行混乱，缺乏监督职能，ERP 系统数据一团糟，ERP 系统虽在运行，但进出 ERP 系统的都是垃圾数据，已成为企业的"鸡肋"。形成这种局面的主要原因是企业管理层没有认识到系统科学地管理运维与持续优化的重要性，从而导致企业花大量的人力、物力、财力来进行二次实施甚至三次实施。

以上八大难点在企业 ERP 系统建设当中较为普遍，但是企业往往难以凭借自身的能力解决，而 ERP 监理的引进则能很好地帮助企业避免风险和解决实际问题，它是以独立的第三方身份参与项目的，基于中立、公平、公正的立场提供客观、真实的意见，并能够帮助企业和供应商双方共同解决实施过程中的问题。

✏️ **思政提升**

世界上最长的跨海大桥——港珠澳大桥

港珠澳大桥是粤港澳三地首次合作共建的超大型跨海交通工程。其中岛隧工程是大桥的控制性工程，该工程采用世界最高标准，设计、施工难度和挑战均为世界之最，被誉为"超级工程"。

在这个超级工程中，有位普通的钳工大显身手，成为明星工人。他就是管延安，中交港珠澳大桥岛隧工程V工区航修队首席钳工。经他安装的沉管设备，已成功完成18次海底隧道对接任务，接缝处间隙误差做到了"零误差"标准。因为操作技艺精湛，管延安被誉为中国"深海钳工"第一人。

零误差来自近乎苛刻的认真。管延安有两个多年养成的习惯。一是给每台修过的机器、每个修过的零件做笔记，将每个细节详细记录在个人的"修理日志"上，遇到什么情况、怎样处理都"记录在案"。从入行到现在，他已记了厚厚四大本，闲暇时他都会拿出来温故知新。二是维修后的机器在送走前，他都会检查至少三遍。正是这种追求极致的态度，不厌其烦地重复检查、练习，练就了管延安精湛的操作技艺。

"我平时最喜欢听的就是锤子敲击时发出的声音。"管延安说。20多年钳工生涯虽艰苦，但他也深深地体会到其中的乐趣。

作为当代的年轻人，在以后的工作中，我们要树立起对职业敬畏、对工作执着、对产品负责的态度，极度注重细节，不断追求完美和极致，给客户无可挑剔的体验。将一丝不苟、精益求精的工匠精神融入每一个环节，做出打动人心的一流产品。

任务实施参考答案

步骤一：总结企业资源计划的功能目标。

请整理出企业资源计划的功能目标。

企业资源计划的功能目标如下。

（1）成为支持企业整体发展战略的战略经营系统。

（2）实现全球大市场营销战略与集成化市场营销。

（3）完善企业成本管理机制，建立全面成本管理系统，形成和保持企业的成本优势。

（4）研究开发管理系统。

（5）建立敏捷的后勤管理系统。

（6）实施准时生产方式。

步骤二：绘制 ERP 系统的框架示意图。

请绘制 ERP 系统的框架示意图。

ERP 系统的框架示意图如图 3－2－1 所示。

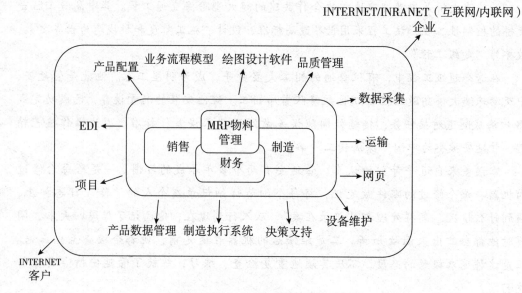

图 3－2－1　ERP 系统的框架示意图

步骤三：总结企业资源计划的实施方法。

请总结如何行之有效地实施企业资源计划。

（1）选择合适的 ERP 系统。

企业应根据企业产品特点、生产组织方式、经营管理特点等因素选择合适的 ERP 系统。

（2）选择合适的管理咨询公司。

企业可聘请管理咨询公司负责完成总体规划的制定，并对企业领导和全体员工进行企业资源计划理念和实施的培训等。

（3）制定具体量化的目标。

ERP 项目如果没有具体的、量化的、可考核的目标，就没有办法在系统实施完后进行对比和评判。因此，在合同签订前，供需双方一定要在技术协议条款中明确企业资源计划的实施目标、具体实施内容及分阶段项目成果、验收办法等。

（4）做好业务流程重组。

业务流程重组必须以企业目标为导向、必须让执行者有决策的权利、必须取得高

114

层领导的支持、必须选择适当的重组流程、必须建立通畅的交流渠道、组织结构必须以目标和产出为中心而不是以任务为中心。

（5）通过培训和制定制度，提高员工素质。

高素质的员工是一个企业长远发展的根本，企业实施企业资源计划是一个循序渐进、不断完善的过程，员工要具备正确的价值观和人生观，能够将企业资源计划的实施当作自身发展的一部分，努力成为能工巧匠，实现生产作业的低成本和高效率。

项目四　仓储信息技术

任务一　条码技术

🛠 任务目标

通过本任务的学习，可以达成以下目标。

知识目标	1. 了解条码的概念及构成 2. 了解条码的分类 3. 掌握条码的编码规则和识读原理 4. 了解条码技术的特点与作用 5. 熟悉条码扫描设备
技能目标	1. 能选择合适的条码扫描设备 2. 能合理利用条码技术完成物流作业
思政目标	树立科技兴国的创新意识

⏱ 任务发布

江苏飞力物流管理有限公司是一家大型物流企业，公司设有大型仓库，库房内储存了大量食品类货物，且品种繁多。公司仓库主要涉及入库、出库、移库、盘点等业务。为了方便仓库的日常作业及管理，公司采用条码技术、射频识别技术和仓库管理系统进行货物管理，大大提高了管理水平，也提升了出入库的作业效率和准确率。

张伟是一名新入职的员工，以后主要负责公司仓库货物的出入库作业。要快速并准确地完成出入库作业，就必须熟练使用条码技术、射频识别技术和仓库管理系统。

请问，张伟应该如何快速了解并掌握条码技术呢？

任务引导

引导问题1：在生活中你使用过条码吗？尝试举例说明。

引导问题2：你知道在仓库内哪些作业环节需要用到条码技术吗？尝试举例说明。

任务工单

条码技术的任务工单如表4－1－1所示。

表4－1－1　　条码技术的任务工单

任务名称：	
组长：	组员：
任务分工：	
方法、工具：	
任务步骤：	

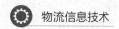
任务实施

步骤一：辨识条码类别。

（1）请画出图 4 – 1 – 1 中条码的结构。

6 945091 708456

图 4 – 1 – 1　条码

（2）请写出表 4 – 1 – 2 中各条码对应的名称。

表 4 – 1 – 2　　　　　　　　　各条码对应的名称

条码	名称
0123456789	
A13439	
(00)069290001000000012	
A000800A	

续　表

条码	名称

步骤二：分析条码技术的优势。

请分析条码技术的优势。

步骤三：了解条码技术的实际应用。

（1）请总结条码技术在物流领域中的应用。

（2）请阐述手持终端的具体使用方法。

任务评价

学生互评表

任务名称		条码技术					
班级		组别		姓名		学号	
评价项目 （占比）		评价标准				满分 （分）	得分 （分）
考勤（10%）		学生考勤情况（无故旷课、迟到、早退出现一次扣10分，请假一次扣2分）				10	
学习能力 （10%）	合作学习能力	小组合作参与程度（优6分、良4分、一般2分、未参与0分）				6	
	个人学习能力	个人自主探究参与程度（优4分、良2分、未参与0分）				4	
工作过程 （60%）	条码类别辨识	能阐述条码的概念及构成（每错一处扣1分）				10	
		能将条码进行分类（每错一处扣1分）				5	
		能理解条码的编码规则和识读原理（每错一处扣2分）				10	
	条码技术的优势分析	能阐述条码技术的作用和优势（每错一处扣1分）				5	
	条码技术的实际应用	能总结条码技术在物流领域中的应用（每错一处扣5分）				15	
		能正确使用手持终端（每错一处扣5分）				15	

续　表

评价项目 （占比）		评价标准	满分 （分）	得分 （分）
工作成果 （20%）	成果完成情况	能按规范及要求完成任务（未完成一处扣2分）	10	
	成果展示情况	能正确使用条码技术完成物流作业（失误一次扣5分）	10	
总得分				

教师评价表

任务名称			条码技术				
授课信息							
班级		组别		姓名		学号	

评价项目 （占比）		评价标准	满分 （分）	得分 （分）
考勤（10%）		学生考勤情况（无故旷课、迟到、早退出现一次扣10分，请假一次扣2分）	10	
学习能力 （10%）	合作学习能力	小组合作参与程度（优6分、良4分、一般2分、未参与0分）	6	
	个人学习能力	个人自主探究参与程度（优4分、良2分、未参与0分）	4	
工作过程 （60%）	条码类别辨识	能阐述条码的概念及构成（每错一处扣1分）	10	
		能将条码进行分类（每错一处扣1分）	5	
		能理解条码的编码规则和识读原理（每错一处扣2分）	10	
	条码技术的 优势分析	能阐述条码技术的作用和优势（每错一处扣1分）	5	
	条码技术的 实际应用	能总结条码技术在物流领域中的应用（每错一处扣5分）	15	
		能正确使用手持终端（每错一处扣5分）	15	
工作成果 （20%）	成果完成情况	能按规范及要求完成任务（未完成一处扣2分）	10	
	成果展示情况	能正确使用条码技术完成物流作业（失误一次扣5分）	10	
总得分				

任务反思

在完成任务的过程中，遇到了哪些问题？是如何解决的？

知识学习

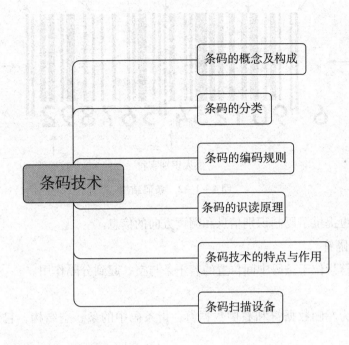

一、条码的概念及构成

条码技术是在计算机和信息技术基础上产生和发展起来的集编码、识别、数据采集、自动录入和快速处理等功能于一体的新兴信息技术。条码技术以其独特的技术性能（如实时生成或预先制作均可，操作简单，成本低廉，技术成熟等），广泛应用于各行各业，迅速地改变着人们的工作方式和生产作业管理方式，极大地提高了生产效率。其中，以在现代化物流业中的应用最为广泛。条码技术是物流信息系统的关键节点，同时，也是物流信息由手工处理到数字化、自动化处理的桥梁，可以说没有条码技术就无法建立真正的物流信息系统。

那什么是条码呢？《条码术语》（GB/T 12905—2019）中指出，条码是由一组规则排列的条、空组成的符号，可供机器识读，用以表示一定的信息，包括一维条码和二维条码。

一个完整的条码包括空白区、起始符、数据符、中间分隔符（主要用于 EAN 码）、校验符、终止符、供人识别字符（见图 4 - 1 - 2）。

1. 空白区

空白区分为左侧空白区和右侧空白区，左侧空白区是保证扫描设备做好扫描准备的标记，右侧空白区是保证扫描设备正确识别条码的标记。

2. 起始符/终止符

起始符/终止符指位于条码起始位置和终止位置的若干条与空，标志着条码的开始

图 4 - 1 - 2　条码结构

和结束，同时也提供了码制识别信息和阅读方向的信息。

3. 中间分隔符

中间分隔符指位于条码中间位置的若干条与空，起到分隔作用。

4. 数据符

数据符分为左侧数据符和右侧数据符，指条码中的条、空结构，它包含条码所表达的特定信息。

5. 校验符

校验符是表示校验码的条码字符。

6. 供人识别字符

供人识别字符位于条码下方，方便人们对条码的识别，尤其是对条码的扫描出现失误时，可以用人工输入的方式输入供人识别字符，从而保证成功识别条码。

☀ 扫一扫

请扫描左侧的二维码，阅读材料。

二、条码的分类

1. 按照码制分类

按照码制进行分类，条码可以分为 UPC 条码、EAN 条码、交插二五条码、三九条码、库德巴条码、128 条码、九三条码、四九条码等，具体介绍如下。

（1）UPC 条码。

UPC 条码是一种长度固定的连续型数字式码制条码，其字符集为数字 0 ~ 9。它采用四种元素宽度，每个条或空是 1、2、3 或 4 倍单位元素宽度。

UPC 条码有两种类型，即 UPC – A 条码和 UPC – E 条码，如图 4 – 1 – 3 所示。

图 4 – 1 – 3　UPC 条码

（2）EAN 条码。

EAN 条码的字符编号结构与 UPC 码相同，也是长度固定的连续型数字式码制条码，其字符集是数字 0 ~ 9。它采用四种元素宽度，每个条或空是 1、2、3 或 4 倍单位元素宽度。

EAN 条码有两种类型，即 EAN – 13 条码和 EAN – 8 条码，如图 4 – 1 – 4 所示。

图 4 – 1 – 4　EAN 条码

（3）交插二五条码。

交插二五条码是二五条码的一种变型，是条、空均表示信息的连续型、非定长的一维条码。相邻的奇、偶数位上的条码字符分别由 5 个条与 5 个空交插表示，表示的字符集为数字 0 ~ 9。交插二五条码如图 4 – 1 – 5 所示。

图 4 – 1 – 5　交插二五条码

（4）三九条码。

三九条码是条、空均表示信息的非连续型、非定长的一维条码。每一个条码字符由规则排列的5个条和4个空共9个单元构成。其中3个是宽单元，其余是窄单元。三九条码表示的字符集是数字0～9，字母A～Z，特殊字符+、-、$、·、/、*、%及空格。三九条码如图4-1-6所示。

图4-1-6 三九条码

（5）库德巴条码。

库德巴条码是条、空均表示信息的非连续型、非定长的一维条码。条码字符由规则排列的4个条和3个空共7个单元构成。其中2个或3个是宽单元，其余是窄单元。库德巴条码表示的字符集是数字0～9，特殊字符+、-、$、:、·、/；起始符/终止符为A、B、C、D。库德巴条码如图4-1-7所示。

图4-1-7 库德巴条码

（6）128条码。

128条码是连续型、非定长的一维条码。采用四种单元宽度，每个条码字符由11个模块组成。128条码表示的字符集为ASCII字符集及其扩展字符集。128条码如图4-1-8所示。

图4-1-8 128条码

（7）九三条码。

九三条码是与三九条码兼容的高密度的连续型、非定长的一维条码。每一个条码

字符由 9 个模块组成。九三条码表示的字符集是数字 0 ~ 9，字母 A ~ Z，特殊字符 +、
－、·、$、%、/及空格。

（8）四九条码。

四九条码是由 2 ~ 8 层组成的连续、可变长度的层排式二维条码。每层由左侧空白
区、起始符、4 个数据字符、终止符及右侧空白区共 18 个条和 17 个空组成。层与层之
间由一个分隔条分开。

2. **按照维数分类**

按照维数进行分类，条码可以分为一维条码和二维条码。

（1）一维条码。

一维条码自从问世以来，很快得到广泛应用。但是由于一维条码的信息容量很小，
如商品上普通的一维条码仅能容纳 13 位阿拉伯数字，更多的描述商品的信息只能依赖
数据库的支持，离开了预先建立的数据库，这种条码就变成了无源之水、无本之木，
因而一维条码的应用范围受到了一定的限制。一维条码如图 4 -1 -9 所示。

图 4 -1 -9　一维条码

（2）二维条码

二维条码（二维码）是在二个维度方向上都表示信息的条码符号。二维条码是
用某种特定的几何图形按一定规律在平面分布的、黑白相间的图形记录数据符号信
息的条码，在代码编制上巧妙地利用构成计算机内部逻辑基础的"0""1"比特流
的概念，使用若干个与二进制相对应的几何形体来表示文字和数值信息，通过图像
输入设备或光电扫描设备自动识读以实现信息自动化处理。二维条码具有条码技术
的一些共性：每种码制有其特定的字符集；每个字符占有一定的宽度；具有一定的
校验功能等。二维条码如图 4 -1 -10 所示。

同时二维条码还具有自动识别不同行的信息及处理图形旋转变化点的功能。其主
要优点是信息容量大，可靠性高，保密防伪性强，易于制作，成本较低。

图 4 – 1 – 10　二维条码

三、条码的编制规则

条码的编制应遵循以下三项规则。

1. 唯一性

基本特征相同的商品视为相同的商品，相同的商品分配相同的条码。基本特征不同的商品视为不同的商品，不同的商品应分配不同的条码。

需注意的是，通常情况下，商品的基本特征包括商品种类、规格、数量、包装类型等。企业可根据所在行业的产品特征以及自身的产品管理需求为产品分配唯一的条码。

2. 稳定性

条码一经分配，就不再更改，并且是终身的。当此种产品不再生产时，其对应的条码只能搁置起来，不得重复使用或再分配给其他的商品。

3. 无含义

无含义就是商品条码不表示与商品有关的特定信息。为了保证有足够的容量以适应产品频繁更新换代的需要，最好采用无含义的顺序码。

四、条码的识读原理

由光源发出的光经过光学系统照射到条码符号上面，被反射回来的光经过光学系统成像在光电转换器上，使之产生电信号，信号经过放大后产生模拟信号，它与照射到条码符号上被反射回来的光成正比，再经过滤波、整形，形成与模拟信号对应的矩形波信号，经译码器解释为计算机可以直接接收的数字信号。条码识读原理如图 4 – 1 – 11 所示。

条码识读系统是由扫描系统、信号整形系统和译码系统三部分组成，条码识读系统如图 4 – 1 – 12 所示。

1. 扫描系统

扫描系统由光学系统及探测器组成。它完成对条码符号的光学扫描，并通过探测

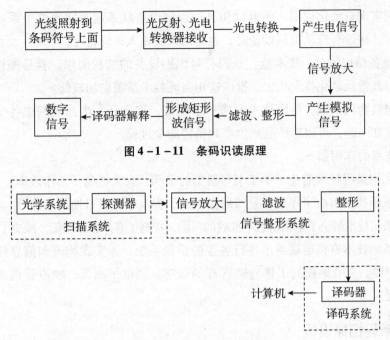

图 4 - 1 - 11 条码识读原理

图 4 - 1 - 12 条码识读系统

器将条码中条、空图案代表的光信号转换成电信号。

2. 信号整形系统

该系统可完成信号的放大、滤波、整形，它的功能在于将条码的光电扫描信号处理成标准电位的矩形波信号，其电平的宽度和条码符号的条、空尺寸相对应。

3. 译码系统

译码系统一般由嵌入式微处理器（译码器）组成，它的功能就是对条码的矩形波信号进行译码，其译码结果通过接口电路输出到条码应用系统中的数据终端（计算机）。

五、条码技术的特点与作用

条码技术具有以下特点。

（1）简便性强。条码标签易于制作，扫描操作简单易行。

（2）信息采集速度快。利用条码技术录入信息的速度是键盘录入信息的 5 倍，并能够实现数据即时录入。

（3）采集信息量大。扫描条码可以采集几十位字符的信息，还可以通过选择不同码制的条码增加字符密度，其中二维条码还有一定的自动纠错能力。

（4）可靠性高。键盘录入数据，误码率为三百分之一，利用光学字符识别技术，误码率约为万分之一。而采用条码扫描录入的方式，误码率仅为百万分之一，首读率可达 98% 以上。

（5）灵活实用。条码符号作为一种识别手段可以单独使用，也可以和有关设备组成识别系统实现自动化识别，还可以和其他控制设备联系起来实现整个系统的自动化管理。同时，在没有自动识别设备时，也可以人工输入条码符号。

（6）设备结构简单、成本低。条码符号识别设备的结构简单，容易操作，无须专门训练。与其他自动化技术相比，推广应用条码技术所需费用较低。

在供应链物流领域，条码技术就像一条纽带，将产品在生命周期中各个阶段产生的信息连接在一起，可跟踪产品从生产到销售的全过程。

条码技术的作用如下。

（1）利用条码技术避免了手工书写票据的步骤，大大提高了工作效率。

（2）条码技术解决了库房信息滞后的问题，提高了交货日期的准确性。

（3）条码技术解决了票据信息不准确的问题，提高了客户服务质量，减少了无效劳动。

（4）条码技术有机地联系了各行各业的信息系统，为实现物流和信息流的同步提供了技术手段，有效地提高了供应链管理的效率，是电子商务、物流管理现代化发展的必要前提。

六、条码扫描设备

条码扫描设备以一维条码识读设备为主，包括激光扫描枪、CCD 扫描器、光笔扫描器和全向扫描平台，分别如图 4-1-13、图 4-1-14、图 4-1-15 和图 4-1-16 所示。

图 4-1-13　激光扫描枪

图 4-1-14　CCD 扫描器

图 4-1-15　光笔扫描器

图 4 – 1 – 16 全向扫描平台

仓库中常用的设备是手持终端，可以同时支持 RFID 读写和条码扫描功能，手持终端如图 4 – 1 – 17 所示。

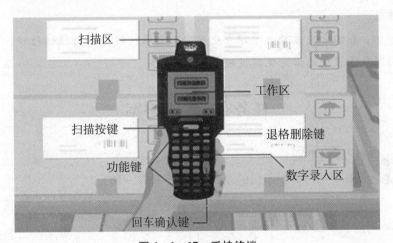

图 4 – 1 – 17 手持终端

☀ 扫一扫

请扫描左侧的二维码，观看视频。

二维码"走进"生活

曾几何时,当人们说起"扫码"的时候,想到的更多是超市购物结账时收银员扫描的商品条码。

而如今,人们每天打开手机扫一扫方便快捷的二维码,成了像呼吸一样自然的本能动作。二维码信息密度高,小块面积可以承载多样化的信息,可读性强,且形成了统一标准,手机等常用设备都能扫描。由于具备这些优势,二维码的应用越来越广泛,购物、点餐、订票、浏览网页等都能用上二维码。

据统计,截至2018年,微信支付、支付宝两大移动支付巨头,已经在境外近40个国家和地区落地,在改变国人消费方式的同时,也在境外受到欢迎。

移动支付已经是中国在世界舞台中的重要名片,因为移动支付和中国"联姻"的国家数不胜数。

作为学生,我们更应该努力学好专业知识,秉承科技自立自强的精神,不断创新,完成党和国家交给我们的信息化建设任务。

任务实施参考答案

步骤一:辨识条码类别。

(1)请画出图4-1-1中条码的结构(见图4-1-18)。

图4-1-18 条码的结构

（2）请写出表 4 - 1 - 2 中各条码对应的名称（见表 4 - 1 - 3）。

表 4 - 1 - 3　　　　　　　　　　　　各条码对应的名称

条码	名称
0123456789	交插二五条码
A13439	三九条码
(00)069290001000000012	128 条码
A000800A	库德巴条码
6 972958 220004	EAN 条码

步骤二：分析条码技术的优势。

请分析条码技术的优势。

条码技术是十分经济、灵活实用的一种自动识别技术，极具简便性、可靠性，信息采集速度快，采集信息量大，设备结构简单。条码技术广泛应用于邮电、运输、商业盘点、图书管理、生产过程控制等领域。

步骤三：了解条码技术的实际应用。

（1）请总结条码技术在物流领域中的应用。

在物流领域，条码技术的具体应用如下。

①在生产管理中的应用。

在生产产品的车间内，利用条码技术对生产作业过程中产生的大量的实时数据自动化快速收集，并对实时事件及时处理。同时又与计划层保持双向通信能力，从计划层接收相应数据并反馈处理结果和生产指令。

生产管理条码解决方案可有效解决制造企业中生产现场作业管理的难题，使企业更轻松地管理生产数据，实现生产控制、产品质量追溯以及后续的库存及销售追踪。利用条码技术，可方便地获取订单在某条生产线上的生产工艺路线及所需物料。同时通过数据采集可对单个部件、整个部件、半成品等处于不同状态的物品进行跟踪，以达到生产实时监控的目的。

在生产流水线的关键点上配置条码阅读器。首先，工人在流水线上扫描自己的工号，记录在本工位上的开始时间；然后，工人扫描要在本工位上组装的配件号码，记录组装数量和完成时间，并将配件传送到下一个工位，直到完成所有配件的组装（产品组装完成）；最后，按印制电路板上的条码，打印整机条码和包装箱条码，将包装好的产品送到仓库。采用条码技术将整个产品生产过程中的信息输入计算机，计算机系统将信息进行汇总，时刻监测产品的动态，对生产过程中出现的问题进行有效处理，避免劣质产品流入市场，造成消费者及厂商的损失，提高了产品的质量和工人的作业效率。

②在库存管理中的应用。

条码技术在库存管理中的应用体现在将无线网络技术和条码技术嵌入企业库存管理系统中。从货物入库开始，就用固定式扫描设备扫描入库流水线的货物包装条码，记录入库时间以及入库的产品数量，完成入库登记，仓库内存自动增加。

在产品出库时，按照出库计划，扫描整机条码和包装箱条码，检验出库产品的信息，包括货物的种类、数量等，是否与计划出库的货物信息吻合，然后完成出库操作。

在整个存取过程中，利用条码技术，可有效防止产品登记错误，避免出现货物缺漏或者被错拿的情况，提高了存货和拣货的准确性。

在库内作业的每个流程点，人工操作均在手持终端实现了电子化，这样避免了手工书写票据和机房输入信息的步骤，大大提高了工作效率。同时解决了库房信息滞后的问题，提高了交货日期的准确性；解决了票据信息不准确的问题，提高了客户服务质量，消除了事故处理中的人工操作，减少了无效劳动。

③在配送管理中的应用。

配送中心接到送货订单后，将信息汇总，并对配送信息进行分析，决定配送的时间段和配送的路线等。配送中心将货物从仓库中拣出，在装车之前对货物进行扫描，以确保所发货物的准确性，避免发错货物。在整个发货和配送过程中，对货物进行实时跟踪。每到一个地点，就用条码阅读器读取信息，输入计算机，实时监控货物的动态状况，有利于配送中心对货物的配送情况及时地做出调整。

条码技术和计算机的应用，大大提高了信息的传递速度和数据的准确性，从而可以做到物流实时跟踪，实现仓库的进货、发货自动化管理和运输中的装卸自动化管理，整个配送中心的运营状况、货物的库存量也会通过计算机及时传送到管理层和决策层。

（2）请阐述手持终端的具体使用方法。

目前，市面上手持终端的种类繁多，但核心功能和操作方式都大同小异。下面，我们就对常见的手持终端功能和操作进行说明。

①装上电池，合上电池盖，长按电源键开机。在系统工作状态下，短按电源键，手持终端会进入休眠状态；在休眠状态下，短按电源键会唤醒手持终端。

②开机。长按电源键，直到手持终端振动，屏幕亮起。在深度休眠模式下，长按电源键，可唤醒手持终端。手持终端如果是电池供电，必须确保电池盖已经合上。

③关机。当手持终端开机后，非休眠状态下，长按电源键2秒，打开选项菜单，选择关机，点击"确认"则正常关机。

④重启。当手持终端开机后，非休眠状态下，长按电源键2秒，打开选项菜单，选择重启，点击"确认"，则正常重启。

⑤充电。由于电池在出厂时仅具备少量电力供测试使用，所以，收到手持终端时务必先充电，之后才能使用。装入电池后，将手持终端直接连接适配器进行充电。电池第一次充电一般需要3~5小时，充电时LED灯持续显示红色亮光，充满电时LED灯持续显示绿色亮光。

⑥NFC功能。开启该功能，允许该手持终端在接触其他设备时交换数据，只要将该手持终端与另一台支持NFC功能的设备靠在一起，即可以将该手持终端上的应用内容同步分享给另一台设备。同时安装第三方NFC软件，可以进行读写射频卡操作。

⑦扫描工具。查找扫描图标，打开扫描应用进入扫描界面即可正常扫描。选择"条码设置"，可进入条码类型设置界面，对所需条码类型进行设置。打开"基本设置"，可对扫描持续时间、角度、超时时间、持续出光模式等进行设置。

任务二　射频识别技术

任务目标

通过本任务的学习，可以达成以下目标。

知识目标	1. 掌握射频识别技术的概念 2. 了解射频识别系统的组成 3. 了解射频识别技术的工作原理 4. 了解射频识别技术的分类和特点 5. 熟悉射频识别技术的应用
技能目标	1. 能辨识射频识别技术的类别 2. 能辨识射频识别相关设备 3. 能合理利用射频识别技术完成物流作业
思政目标	培养勇于创新的科研精神

任务发布

张伟作为江苏飞力物流管理有限公司一名新入职的员工，以后主要负责公司仓库货物的出入库作业。通过几天的学习，张伟已经熟练掌握了条码技术。接下来，张伟要继续学习射频识别技术。

请问，张伟应该如何快速了解并掌握射频识别技术呢？

任务引导

引导问题1：在生活中你使用过射频识别技术吗？尝试举例说明。

引导问题2：哪些物流作业环节需要用到射频识别技术呢？尝试举例说明。

任务工单

射频识别技术的任务工单如表4－2－1所示。

表4－2－1　　　　　　　　　射频识别技术的任务工单

任务名称：	
组长：	组员：
任务分工：	
方法、工具：	
任务步骤：	

任务实施

步骤一：射频识别技术类别辨识。

请写出表4－2－2中应用在不同场景的射频识别技术。

表 4 – 2 – 2 射频识别技术类别辨识

场景示意	射频识别技术类别

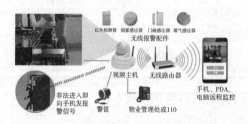	

步骤二：射频识别相关设备辨识。

请写出表 4 - 2 - 3 中射频识别相关设备对应的名称。

表 4 - 2 - 3 　　　　　　　　　　射频识别相关设备辨识

图片	名称

步骤三：射频识别技术缺点分析。

查阅相关资料，归纳并总结射频识别技术的缺点。

任务评价

学生互评表

任务名称			射频识别技术				
班级		组别		姓名		学号	
评价项目 （占比）		评价标准				满分 （分）	得分 （分）
考勤（10%）		学生考勤情况（无故旷课、迟到、早退出现一次扣10分，请假一次扣2分）				10	
学习能力 （10%）	合作学习能力	小组合作参与程度（优6分、良4分、一般2分、未参与0分）				6	
	个人学习能力	个人自主探究参与程度（优4分、良2分、未参与0分）				4	
工作过程 （60%）	射频识别技术类别辨识	能阐述射频识别技术的概念（每错一处扣1分）				10	
		能阐述射频识别系统的组成（每错一处扣1分）				5	
		能掌握射频识别技术的分类（每错一处扣2分）				10	
	射频识别相关设备辨识	能阐述射频识别技术的工作原理（每错一处扣1分）				5	
		能辨识射频识别相关设备（每错一处扣1分）				10	
	射频识别技术缺点分析	能理解射频识别技术的特点（每错一处扣5分）				10	
		能归纳并总结射频识别技术的缺点（每错一处扣5分）				10	
工作成果 （20%）	成果完成情况	能按规范及要求完成任务（未完成一处扣2分）				10	
	成果展示情况	能正确使用射频识别技术完成物流作业（失误一次扣5分）				10	
总得分							

教师评价表

任务名称			射频识别技术				
授课信息							
班级		组别		姓名		学号	

续　表

评价项目 （占比）		评价标准	满分 （分）	得分 （分）
考勤（10%）		学生考勤情况（无故旷课、迟到、早退出现一次扣10分，请假一次扣2分）	10	
学习能力 （10%）	合作学习能力	小组合作参与程度（优6分、良4分、一般2分、未参与0分）	6	
	个人学习能力	个人自主探究参与程度（优4分、良2分、未参与0分）	4	
工作过程 （60%）	射频识别技术类别辨识	能阐述射频识别技术的概念（每错一处扣1分）	10	
		能阐述射频识别系统的组成（每错一处扣1分）	5	
		能掌握射频识别技术的分类（每错一处扣2分）	10	
	射频识别相关设备辨识	能阐述射频识别技术的工作原理（每错一处扣1分）	5	
		能辨识射频识别相关设备（每错一处扣1分）	10	
	射频识别技术缺点分析	能理解射频识别技术的特点（每错一处扣5分）	10	
		能归纳并总结射频识别技术的缺点（每错一处扣5分）	10	
工作成果 （20%）	成果完成情况	能按规范及要求完成任务（未完成一处扣2分）	10	
	成果展示情况	能正确使用射频识别技术完成物流作业（失误一次扣5分）	10	
总得分				

任务反思

在完成任务的过程中，遇到了哪些问题？是如何解决的？

知识学习

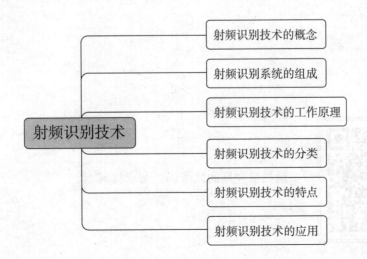

一、射频识别技术的概念

射频识别技术（RFID），又称无线射频识别技术，是 20 世纪 80 年代发展起来的一种新兴自动识别技术，可识别高速运动的物体，可同时识别多个标签，操作快捷方便。射频识别技术是在频谱的射频部分，利用电磁耦合或感应耦合，通过各种调式和编码方案，与射频标签交互通信并唯一读取射频标签身份的技术。

扫一扫

请扫描左侧的二维码，阅读材料。

二、射频识别系统的组成

射频识别系统是指由射频标签、识读器、计算机网络、应用程序及数据库组成的自动识别和数据采集系统。

射频标签由耦合元件及芯片组成，每个射频标签具有唯一的电子编码，高容量射频标签有用户可写入的存储空间，附着在物体上标识目标对象。通常，识读器在一个区域发射能量形成电磁场，射频标签经过这个区域时检测到识读器的信号后发送存储的数据，识读器接收射频标签发送的信号，解码并校验数据的准确性以达到识别的目的。

扫一扫

请扫描左侧的二维码，阅读材料。

三、射频识别技术的工作原理

射频识别技术的工作原理并不复杂，射频标签进入电磁场后，接收识读器发出的射频信号，凭借感应电流所获得的能量发送出存储在芯片中的产品信息，或者主动发送某一频率的信号，识读器读取信息并解码后，发送至中央信息系统以处理有关数据。识读器与射频标签之间通过空气介质，以无线电波的形式完成数据传输。具体描述如下。

（1）识读器先完成数据无线电载波通过发射天线向外发射的设定。

（2）射频标签进入发射天线的工作区域时，射频标签被激活，通过发射天线向外界发射自身信息代码（载波信号形式）。

（3）射频识别系统的接收天线接收到射频标签发出的载波信号，经过接收天线的调制器，传给识读器，识读器对接到的载波信号进行解码，解码结果传送至计算机控制器。

（4）计算机控制器根据逻辑运算判断该射频标签的合法性，针对不同的设定进行相应的处理和控制，并发送指令信号控制执行机构的动作。

（5）执行机构执行计算机控制器的指令信号。

四、射频识别技术的分类

1. 按照应用系统分类

按照应用系统进行分类，射频识别技术（RFID）可分为应用在 EAS 系统（电子商品防窃系统）的 RFID、应用在便携式数据采集系统的 RFID、应用在网络系统的 RFID 和应用在定位系统的 RFID。

2. 按照标签的供电形式分类

按照标签的供电形式进行分类，射频技术可分为无源 RFID、有源 RFID、半有源 RFID。无源 RFID 读写距离近，价格低；有源 RFID 可以提供更远的读写距离，但是需要电池供电，成本要更高一些，适用于远距离读写的场合；半有源 RFID，顾名思义就是有源 RFID 和无源 RFID 的结合，它结合二者的优点，解决了有源 RFID 和无源 RFID 不能解决的问题，实现了近距离激活定位、远距离传输数据。

3. 按照标签的数据调制方式分类

（1）主动式 RFID。

主动式 RFID 有内部电源供应器，用以供应内部 IC（集成电路）所需的电能，同时还可以产生对外的信号。一般来说，主动式 RFID 拥有较大的记忆体容量和较长的读取距离。

（2）被动式 RFID。

被动式 RFID 内部没有相应的供电电源，它是依靠内部集成电路所接收的由 RFID 识读器发出的电磁波进行驱动的。由于被动式标签具有体积小巧、不需要电源、价格低廉的优点，目前市场广泛应用的主要是被动式 RFID。

（3）半主动式 RFID。

半主动式 RFID 与被动式 RFID 相似，不过它比被动式 RFID 多了一个小型的电池，其电力用来驱动标签 IC，从而可以保证 IC 一直处于工作状态，比起被动式 RFID，半主动式 RFID 有更快的反应速度和更高的工作效率。

五、射频识别技术的特点

射频识别技术是一种突破性的技术，具有很多的优势和特点，具体的特点如下。

1. 适用性

射频识别技术依靠电磁波进行传输，并不需要物理接触。这使得它能够无视标签材质，无视各种障碍物建立连接，直接完成通信。

2. 高效性

射频识别系统的读写速度极快，一次典型的传输过程通常不到 100 毫秒。高频段的 RFID 识读器甚至可以同时识别、读取多个标签的内容，极大地提高了信息传输效率。

3. 独一性

每个 RFID 标签都是独一无二的，通过 RFID 标签与产品的一一对应关系，可以清楚地跟踪每一件产品的后续流通情况。

4. 简易性

RFID 标签结构简单，识别速率高，所需读取设备简单。尤其是随着 NFC 技术在智能手机上逐渐普及，每个用户的手机都将成为最简单的 RFID 识读器。

5. 安全性

由于射频识别技术承载的是电子式信息，其数据内容可经由密码保护，使其不易被伪造及变造，且不会产生对人体有伤害的高频电磁污染。

六、射频识别技术的应用

1. 物流

物流仓储是射频识别技术最有潜力的应用领域之一，UPS、DHL、FedEx 等国际物流巨头都在积极使用射频识别技术，以期提升其物流能力。可应用的场景包括物流过程中的货物追踪、信息自动采集、仓储管理、港口管理等。

2. 交通

在出租车管理、公交车枢纽管理、铁路机车识别等领域，已有不少较为成功的案例。

3. 身份识别

射频识别技术由于具有快速读取与难伪造的特性，被广泛应用于个人的身份识别证件中。如电子护照、我国的第二代身份证、学生证等。

4. 防伪

射频识别技术具有很难伪造的特性，但是如何应用于防伪还需要政府和企业的积极推广。可以应用的领域包括贵重物品的防伪和票证的防伪等。

5. 资产管理

可应用于各类资产的管理，包括贵重物品、数量大相似性高的危险品等。

6. 信息统计

射频识别技术的运用使得信息统计变成了一件既简单又快速的工作。由档案信息化管理平台的查询软件传出统计清查信号，识读器迅速读取馆藏档案的数据信息和相关储位信息，并智能返回所获取的信息，平台可将获取的信息与中心信息库内的信息进行校对。例如，针对无法匹配的档案，由管理者用识读器展开现场核实，调整系统信息和现场信息，进而完成信息统计工作。

7. 档案管理

利用射频识别技术建立档案查询管理平台，在查询档案信息时，档案管理者借助档案查询管理平台找出档案。利用射频识别技术的安全控制系统能实现对档案馆的及时监控和异常报警等功能，以避免档案被毁、失窃等。档案在被借阅归还时，特别是实物档案，管理者仔细检查归还的档案，并利用安全控制系统进行核实，能及时发现档案是否受损、缺失等。

☀ 扫一扫

请扫描左侧的二维码，观看视频。

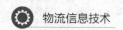 **思政提升**

"杂交水稻之父"——袁隆平

2021年5月22日，袁隆平先生辞世。一年来，人们不断地以不同方式追思袁老。作为举世公认的"杂交水稻之父"，他的学术思想、科研方法、人格精神，充满理性的光辉和魅力，可谓"形神具备"。这"形"与"神"，对激励今人、昭示来者，无疑具有积极的作用。

参加工作以来，袁隆平不畏艰辛、执着追求、大胆创新、勇攀高峰，使我国杂交水稻研究及应用领先世界，推广应用后不仅解决了中国粮食自给难题，也为我国及世界粮食安全做出了杰出贡献。

袁隆平在国内率先开展水稻杂种优势利用研究。1964年，他在对一株"鹤立鸡群"的野生杂交稻的研究中获得灵感，开始从事杂交水稻研究。他的理论与研究实践否定了"水稻等自花授粉作物没有杂种优势"的传统观点，极大地丰富了作物遗传育种理论和技术，建立了一门新学科——杂交水稻学。

针对我国人增地减的现状，袁隆平提出了运用超级杂交稻技术成果，大幅度提高现有水稻的单产量和总产量，提高农民种粮效益，确保国家粮食安全的科学思路。组织实施了超级杂交稻"种三产四"丰产工程、"三分地养活一个人"粮食高产绿色优质科技创新工程等高产攻关项目。"种三产四"丰产工程2007年率先在湖南实施，并迅速在安徽、广东、广西、河南、云南、贵州、四川等地区推广，取得了显著的社会效益和经济效益。"三分地养活一个人"粮食高产绿色优质科技创新工程于2018年组织实施，初显成效。

创新是人的才能的最高表现形式，是推动人类社会前进的车轮。作为学生，我们更要学习袁隆平先生求真务实、勇于创新的科研作风，为建设美丽祖国添砖加瓦。

任务实施参考答案

步骤一：射频识别技术类别辨识。

请写出表4-2-2中应用在不同场景的射频识别技术（见表4-2-4）。

表 4 – 2 – 4　　　　　　　　　　　射频识别技术类别辨识

场景示意	射频识别技术类别
	无源 RFID
	无源 RFID
	有源 RFID
	半有源 RFID

步骤二：射频识别相关设备辨识。

请写出表4-2-3中射频识别相关设备对应的名称（见表4-2-5）。

表4-2-5   射频识别相关设备辨识

图片	名称
	手持式 RFID 识读器
	固定式 RFID 识读器
	电子标签
	天线
	标签打印机

步骤三：射频识别技术缺点分析。

查阅相关资料，归纳并总结射频识别技术的缺点。

虽然射频识别技术优点很多，但是面对市场日新月异的变化，也有不符合市场规律的缺点，具体如下所述。

1. 技术成熟度不够

射频识别技术出现时间较短，在技术上还不是非常成熟。由于超高频射频标签具有反向反射性特点，使得其在金属类商品、液体类商品中应用比较困难。

2. 成本高

射频标签相对于普通条码标签价格较高，为普通条码标签的几十倍，如果使用量大的话，成本较高，在很大程度上降低了市场使用射频识别技术的积极性。

3. 安全性不够强

射频识别技术面临的安全性问题主要表现为射频标签信息被非法读取和恶意篡改。

4. 技术标准不统一

射频识别技术目前还没有形成统一的标准，而且市场上多种标准并存，致使不同企业产品的射频标签互不兼容，进而在一定程度上造成射频识别技术的应用混乱。

任务三　语音识别技术

🛠 任务目标

通过本任务的学习，可以达成以下目标。

知识目标	1. 掌握语音识别技术的概念 2. 了解语音识别的基本原理 3. 了解语音识别系统的分类 4. 熟悉语音识别技术的应用
技能目标	1. 能查找常用的语音识别设备 2. 能查找提供语音识别技术服务的龙头企业 3. 能分析语音识别技术未在我国广泛应用的原因
思政目标	树立以人为本的发展理念

⏰ 任务发布

江苏飞力物流管理有限公司是一家大型物流企业，张伟作为一名新入职的员工，以后主要负责公司仓库货物的出入库作业。由于近期公司业务量急剧增加，目前的物流信息技术已无法满足业务需要。公司有意向引进语音识别技术，为了保险起见，仓储部门经理让张伟先对语音识别技术进行深入调研，然后根据调研结果再决定是否引进语音识别技术。

请问，张伟应该如何完成对语音识别技术的调研呢？

📍 任务引导

引导问题1：在生活中你使用过语音识别技术吗？尝试举例说明。

引导问题2：在物流行业，哪些作业环节更能凸显语音识别技术的优势？尝试举例说明。

任务工单

　　语音识别技术的任务工单如表4-3-1所示。

表4-3-1　　　　　　　　　　　　语音识别技术的任务工单

任务名称：	
组长：	组员：
任务分工：	
方法、工具：	
任务步骤：	

任务实施

步骤一：查找语音识别设备。

请查找并整理出五种常用的语音识别设备。

步骤二：查找提供语音识别技术服务的龙头企业。

请利用互联网，查阅相关资料，整理出提供语音识别技术服务的龙头企业。

步骤三：分析语音识别技术未在我国广泛应用的原因。

请利用互联网，查阅相关资料，分析语音识别技术未在我国广泛应用的原因。

任务评价

学生互评表

任务名称		语音识别技术				
班级		组别		姓名	学号	
评价项目（占比）		评价标准			满分（分）	得分（分）
考勤（10%）		学生考勤情况（无故旷课、迟到、早退出现一次扣10分，请假一次扣2分）			10	
学习能力（10%）	合作学习能力	小组合作参与程度（优6分、良4分、一般2分、未参与0分）			6	
	个人学习能力	个人自主探究参与程度（优4分、良2分、未参与0分）			4	
工作过程（60%）	认识语音识别技术	能阐述语音识别技术的概念（每错一处扣1分）			10	
		能阐述语音识别的基本原理（每错一处扣1分）			5	
		能查找语音识别设备（每错一处扣2分）			10	
		能辨识语音识别系统的分类（每错一处扣1分）			5	
		能查找提供语音识别技术服务的龙头企业（每错一处扣1分）			10	
	了解语音识别技术在拣选领域的应用	能阐述语音识别技术的优势（每错一处扣5分）			10	
		能分析语音识别技术未在我国广泛应用的原因（每错一处扣5分）			10	
工作成果（20%）	成果完成情况	能按规范及要求完成任务（未完成一处扣2分）			10	
	成果展示情况	能完成关于语音识别技术的调研报告（失误一次扣5分）			10	
总得分						

教师评价表

任务名称		语音识别技术			
授课信息					
班级	组别	姓名		学号	

评价项目 （占比）		评价标准	满分 （分）	得分 （分）
考勤（10%）		学生考勤情况（无故旷课、迟到、早退出现一次扣10分，请假一次扣2分）	10	
学习能力 （10%）	合作学习能力	小组合作参与程度（优6分、良4分、一般2分、未参与0分）	6	
	个人学习能力	个人自主探究参与程度（优4分、良2分、未参与0分）	4	
工作过程 （60%）	认识语音识别技术	能阐述语音识别技术的概念（每错一处扣1分）	10	
		能阐述语音识别的基本原理（每错一处扣1分）	5	
		能查找语音识别设备（每错一处扣2分）	10	
		能辨识语音识别系统的分类（每错一处扣1分）	5	
		能查找提供语音识别技术服务的龙头企业（每错一处扣1分）	10	
	了解语音识别技术在拣选领域的应用	能阐述语音识别技术的优势（每错一处扣5分）	10	
		能分析语音识别技术未在我国广泛应用的原因（每错一处扣5分）	10	
工作成果 （20%）	成果完成情况	能按规范及要求完成任务（未完成一处扣2分）	10	
	成果展示情况	能完成关于语音识别技术的调研报告（失误一次扣5分）	10	
总得分				

👤 任务反思

在完成任务的过程中，遇到了哪些问题？是如何解决的？

📖 知识学习

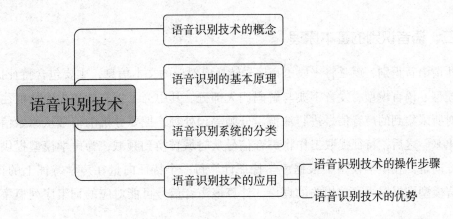

151

一、语音识别技术的概念

随着中国物流产业的高速发展，无论是生产型企业还是流通配送型企业，都希望通过减少流动资金占用、加快库存周转、提高配送业务准确率，最终达到提高企业综合竞争力的目标。

出入库作业中，拣选作业是业务范围最广、劳动强度最大、出错率最高的作业。近年来，针对不同用户、不同订单类型，出现了多种拣选方式，从最初的纯人工拣选方式发展到现在的多模式自动化拣选方式，其中能够赋能于人的语音识别技术越来越得到企业的青睐。

那什么是语音识别技术呢？语音识别技术就是让机器通过识别和理解工作过程，把语音信号转变为相应的文本或命令的技术。语音识别是一门涉及面很广的交叉学科，它与声学、语音学、语言学、信息理论、模式识别理论以及神经生物学等都有着非常密切的关系。语音拣选场景如图 4 - 3 - 1 所示。

图 4 - 3 - 1　语音拣选场景

二、语音识别的基本原理

所谓语音识别，就是将一段语音信号转换成对应的文本信息，主要包含特征提取、声学模型、语言模型、发音字典与解码四大部分。其中为了更有效地提取特征往往还需要对所采集到的声音信号进行滤波、分帧等预处理，把要分析的信号从原始信号中提取出来。之后，特征提取工作将声音信号从时域转换到频域，为声学模型提供合适的特征向量。在声学模型中根据声学特征计算每一个特征向量在声学特征上的得分。而语言模型则根据语言学相关的理论，计算该声音信号可能对应的词组序列概率。最后根据已有的发音字典，对词组序列进行解码，得到最后可能的表示文本。

三、语音识别系统的分类

语音识别的本质就是将语音序列转换为文本序列，语音识别系统框架如图 4 - 3 - 2 所示。

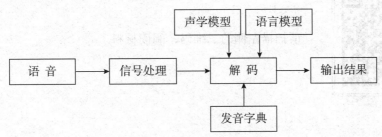

图 4 - 3 - 2　语音识别系统框架

根据输入语音的限制可以对语音识别系统进行分类。如果从说话者与识别系统的相关性考虑，可以将语音识别系统分为以下三类。

（1）特定人员语音识别系统，该类系统仅对专人的语音进行识别。

（2）非特定人员语音识别系统，该类系统识别的语音与特定人员无关，通常要用大量不同人员的语音数据库对系统进行训练。

（3）多人的语音识别系统，该类系统通常能识别一组人员的语音，或者成为特定小组的语音识别系统，该系统仅要求用要识别的那组人员的语音数据库对系统进行训练。

四、语音识别技术的应用

（一）语音识别技术的操作步骤

语音识别技术在物流领域中，应用范围最广的是拣选作业。

语音拣选操作步骤如下。

（1）操作员听到巷道号和货位号的语言指示后，语音识别系统要求他语音输入货位校验号。

（2）操作员会把这个货位校验号读给语音识别系统，当得到确认后，语音识别系统会告诉他所需选取的商品和数量。

（3）操作员从货位上拿下商品，然后进入下一个作业环节。

在实际作业中，操作员通过语音密码登录自己的语音终端，语音识别系统将其引导至第一个货位，当听到语音识别系统的语音指示后，操作员读出货位校验号，确认无误后，按语音识别系统提示的商品及其数量进行拣选，否则重新找货位。完成一个拣选任务后操作员继续获取下一个语音指示。

☀ 扫一扫

请扫描左侧的二维码，阅读材料。

（二）语音识别技术的优势

1. 操作效率加倍提升

大型配送中心的核心操作是订单拣选，该环节不仅作业量大、要求效率高，而且涉及的商品品种多、客户复杂，拣选准确率的要求也高。若管理不善、拣选方法不合适，作业效率和准确率将大打折扣。

语音识别技术能完美体现出高效拣货的优势，操作人员凭借"解放双手、解放双眼"的工作方式，不再受限于纸、笔、标签、扫描器、显示器等，可以连续、高效、专心地操作，作业效率大幅提升。

2. 订单错误率下降

高准确率拣选的保障是语音识别系统中的校验码。所谓校验码是指贴在各货位的数字标识码，当操作员读出的数字与其听到的后台系统中的校验码相符合时，语音识别系统将指示操作员在该货位拣取相应数量的货物，否则语音识别系统将告知操作员"位置错误"。由此可见，只有听到正确的校验码后，语音识别系统才会向操作员提供拣货数量，这样就避免了错误操作。

3. 培训费用低

相对于其他拣选技术，语音识别技术对人员的培训时间要求得更短，主要是训练其准确地听出和说出需要用到的关键词汇，操作员戴上耳机和移动终端就可以开始工作了。因此，人员培训费用低。若企业的物流操作人员变更频繁，则更能体现语音识别技术培训时间短和培训费用低的优势。

4. 提高员工满意度

语音识别技术的应用使员工满意度提高，主要原因在于该项技术降低了工作劳动强度，增加了工作的趣味性，降低了工作难度，增加了工作的安全度，员工工作热情得到提高。

对于业态多样、品类数多的零售企业来说，语音识别技术具有更大的诱惑力。因为在品类数不是很多的时候，语音识别系统的实施成本不取决于库存单位，而取决于拣选人员的数量。当品类数达到一定量时（如超过 10 万种），采用识别语音识别系统能够使企业以较低的成本来进行较大区域内的高效率作业，同时拥有非常灵活的扩展性来适应日益增长的品类数。

✎ 思政提升

以人为本，智慧城市建设的思路变了

城市，是人类的伟大文化创造，承载着人类对美好生活的向往。它的每一次进化和升级都是人类社会进步的体现。

城市建设在经历了多个发展阶段后，也在逐渐回归本心，开始考虑以人为本。智慧城市建设是一个庞大的系统工程，其建设不是一朝一夕、一蹴而就的事情，需要统一的原则和思路。

在新时期，智慧城市建设的思路发生转变，更多地把视角转移到具体的"人"。以用户体验为本来实现流程优化，解决城市治理与群众迫切需求的矛盾，提升城市综合治理水平，让企业生产效率更高、让行业更具创造力，从而提升广大市民的幸福感、安全感和获得感，给百姓带来实实在在的政务服务上的改善，这是当下智慧城市建设的核心诉求。

以深圳为例，相关记者在路上随机采访了部分司机和路人，大家的普遍感受是作为一个地少人多的超级大都市，在深圳市中心车流量巨大的路口，堵车现象比以前少了很多。

实际上，2020 年，在全市道路里程只有 6500 多千米的深圳，拥有 2000 多万的人口、350 多万辆的汽车保有量，平均每千米的车辆密度为 500 多辆，高居全国首位。深圳的做法是通过华为云的助力，有效改善了深圳部分关键道路的拥堵，同时提高了深圳交警的执法效率。

过程中，华为云从顶层设计入手，全面规划深圳城市交通体系，与深圳交警在超带宽交通网络、全城交通流量全面感知、人工智能辅助执法等方面展开合作。主要目的是通过交通数据的全覆盖、全关联、全开放和全分析，给市民提供更加优质和高效的交通服务。

比如在信号灯的控制上，将所有摄像头的数据打通，并基于华为云 Stack，通过 AI（人工智能）、大数据、边缘计算等技术，对信号灯进行整体调控、智能化实时管理。通过和华为云合作，深圳交警将基于 AI、大数据等技术推出的红绿灯配时方案，部署到全市约 200 个路口。

最终的效果是，红绿灯不再只是"灯"，它还能够自我感知和智能判断，实现了从"车看灯，读秒数通行"到"灯看车，按车辆数放行"的提升和转变，在高峰期路口通行能力可提升约10%。如今的智慧交通在方便市民的同时，也在进一步解放交警，成为智慧深圳的新标签。

深圳这个"聪明"的智慧交通系统，让市民率先"跑"上了智慧马路。

事实上，数据除了全面感知，还要学会精准预判，深圳交通的尝试和探索仅是一个典型案例，"一网统管"的最终目的就是要让城市能够实时感知，发现细微变化，并进行快速有效处置，确保人们的生活安全有序。这也是推动城市管理由经验判断型向数据分析型转变，由被动处置型向主动发现型转变，实现能感知、会思考的一条捷径。

以人为本，是科学发展观的核心。我们在工作中，一定要坚持以人为本的前提，把人民的利益作为一切工作的出发点和落脚点，不断满足人民群众的多方面需求。

任务实施参考答案

步骤一：查找语音识别设备。

请查找并整理出五种常用的语音识别设备（见表4-3-2）。

表4-3-2　　　　　　　　　　语音识别设备图片及名称

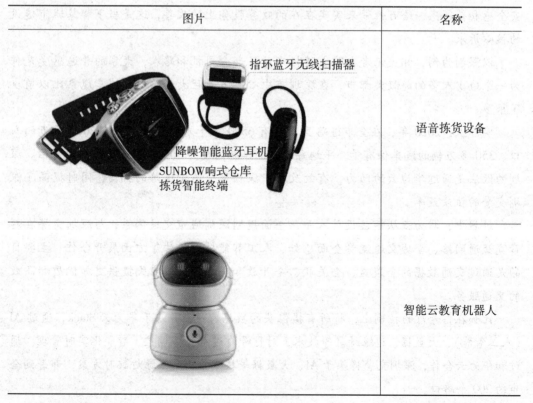

图片	名称
	语音拣货设备
	智能云教育机器人

图片	名称
	安全语音提示器
	智能门锁
	转写机

步骤二：查找提供语音识别技术服务的龙头企业。

请利用互联网，查阅相关资料，整理出提供语音识别技术服务的龙头企业。

科大讯飞股份有限公司、Microsoft（微软）公司。

步骤三：分析语音识别技术未在我国广泛应用的原因。

请利用互联网，查阅相关资料，分析语音识别技术未在我国广泛应用的原因。

1. 可靠性有待提高

一方面，语音识别技术必须排除实际应用中各种声学环境对其造成的不良影响。所以，若想在嘈杂环境中应用语音识别技术，就需要使用特殊抗噪麦克风，但这对于多数用户而言，是不可能实现的。另一方面，日常生活中，人们说话较随意，语言习惯较明显，如带有明显地方口音，经常重复、停顿，或完全不受语法控制等，对经过标准式"朗读语音"训练的设备来讲这些语音是很难被识别的。为此，逐步提升语音识别技术的可靠性，显得很有必要。

2. 词汇量有待丰富

可以说，语音识别系统可识别词汇量的多少，在很大程度上决定了语音识别系统可完成事情的程度，若语音识别系统配置的声学模型与语音模型限制较多，当用户所引用词汇不在语音识别系统存储范围内，或是突然从英文转为中文、俄文、韩文、日文等时，语音识别系统很可能出现输入混乱的情况。为此，今后伴随系统建模方式的逐步革新、各种搜索计算方法效率的逐步提升与硬件资源的日渐发展，语音识别系统很可能实现词汇量无限制与多种语言的混合，这样即便用户使用多种语言，语音识别系统也是能准确识别出来的。

3. 成本有待降低，体积有待减小

在保证质量的同时，最大限度降低成本是实现技术商业化发展的关键，且普遍通过规模化的生产形式来实现。但对于语音识别技术而言，要想做到降低成本，还存在较大困难。因为对于那些功能、性能要求较高的语音识别应用，多带有"量身定制"的标记，若想规模生产，条件还不是很成熟；只有在那些对功能、性能要求不是很高的语音识别应用上，才有可能规模生产出部分低成本产品，而这些产品在实际应用中又可能受到功能与性能的限制。另外，微型化也将是今后语音识别技术实现商业化发展的一个重要手段，而要想实现这一点，同该技术本身发展程度与微电子芯片技术发展程度均有着密切的关系。为此，把那些有着先进性能与完善功能的语音识别系统固化到那些更加微小的模块或芯片上，最大限度地降低成本，也就成为今后语音识别技术真正实现广泛应用的关键所在。

任务四 仓库管理系统

任务目标

通过本任务的学习，可以达成以下目标。

知识目标	1. 掌握仓库管理系统的概念 2. 熟悉仓库管理系统的功能模块 3. 了解仓库管理系统的特点 4. 了解仓库管理系统的应用价值 5. 了解仓库管理系统在我国的应用
技能目标	1. 能在仓库管理系统中找到对应的操作界面 2. 能在仓库管理系统中添加客户信息并查看库存 3. 能操作仓库管理系统
思政目标	树立科技兴国的创新意识

任务发布

江苏飞力物流管理有限公司是一家大型物流企业，张伟作为一名新入职的员工，以后主要负责公司仓库货物的出入库作业。经过这一段时间的学习，张伟已经熟悉了公司目前使用的各项物流信息技术。接下来，仓管员老郭安排张伟认识、学习仓库管理系统，以便能尽快投入工作。

请问，张伟应该如何尽快熟悉仓库管理系统呢？

任务引导

引导问题 1：什么是仓库管理系统？仓库管理系统具备哪些功能？

引导问题2：在物流行业，使用仓库管理系统能给企业带来哪些收益？尝试举例说明。

📎 任务工单

仓库管理系统的任务工单如表4－4－1所示。

表4－4－1   仓库管理系统的任务工单

任务名称：	
组长：	组员：
任务分工：	
方法、工具：	
任务步骤：	

Ⓤ 任务实施

步骤一：登录仓库管理系统。

请登录仓库管理系统，熟悉系统操作界面。

步骤二：添加客户信息。

请在仓库管理系统中添加一项客户信息。

步骤三：仓库综合查询。

请查询仓库库存数据。

📍 任务评价

学生互评表

任务名称			仓库管理系统				
班级		组别		姓名		学号	
评价项目 （占比）			评价标准			满分 （分）	得分 （分）
考勤（10%）			学生考勤情况（无故旷课、迟到、早退出现一次扣10分，请假一次扣2分）			10	
学习能力 （10%）	合作学习能力		小组合作参与程度（优6分、良4分、一般2分、未参与0分）			6	
	个人学习能力		个人自主探究参与程度（优4分、良2分、未参与0分）			4	
工作过程 （60%）	登录仓库管理系统		能阐述仓库管理系统的概念和特点（每错一处扣1分）			10	
			能阐述仓库管理系统的应用价值（每错一处扣1分）			10	
			能分析仓库管理系统在我国的应用（每错一处扣2分）			10	
			能登录仓库管理系统并辨识其功能模块（每错一处扣1分）			10	
	添加客户信息		能在仓库管理系统中添加客户信息（每错一处扣1分）			10	
	仓库综合查询		能在仓库管理系统中查询库存信息（每错一处扣5分）			10	
工作成果 （20%）	成果完成情况		能按规范及要求完成任务（未完成一处扣2分）			10	
	成果展示情况		能操作仓库管理系统（失误一次扣5分）			10	
总得分							

教师评价表

任务名称			仓库管理系统				
授课信息							
班级		组别		姓名		学号	

续　表

评价项目 （占比）		评价标准	满分 （分）	得分 （分）
考勤（10%）		学生考勤情况（无故旷课、迟到、早退出现一次扣 10 分，请假一次扣 2 分）	10	
学习能力 （10%）	合作学习能力	小组合作参与程度（优 6 分、良 4 分、一般 2 分、未参与 0 分）	6	
	个人学习能力	个人自主探究参与程度（优 4 分、良 2 分、未参与 0 分）	4	
工作过程 （60%）	登录仓库管理系统	能阐述仓库管理系统的概念和特点（每错一处扣 1 分）	10	
		能阐述仓库管理系统的应用价值（每错一处扣 1 分）	10	
		能分析仓库管理系统在我国的应用（每错一处扣 2 分）	10	
		能登录仓库管理系统并辨识其功能模块（每错一处扣 1 分）	10	
	添加客户信息	能在仓库管理系统中添加客户信息（每错一处扣 1 分）	10	
	仓库综合查询	能在仓库管理系统中查询库存信息（每错一处扣 5 分）	10	
工作成果 （20%）	成果完成情况	能按规范及要求完成任务（未完成一处扣 2 分）	10	
	成果展示情况	能操作仓库管理系统（失误一次扣 5 分）	10	
总得分				

任务反思

在完成任务的过程中，遇到了哪些问题？是如何解决的？

知识学习

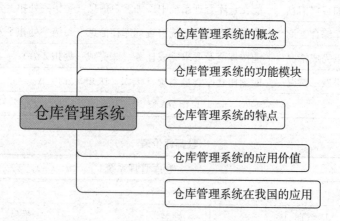

一、仓库管理系统的概念

随着仓储物流行业竞争日益激烈，越来越多的企业意识到，企业间的竞争实质上是企业的作业效率和成本控制能力的竞争。为了有效控制并跟踪仓库业务的物流和成本管理全过程，仓库管理系统应运而生。那什么是仓库管理系统呢？

《物流术语》（GB/T 18354—2021）中指出，仓库管理系统（Warehouse Management System，WMS）是对物品入库、出库、盘点及其他相关仓库作业，仓储设施与设备，库区库位等实施全面管理的计算机信息系统。

由计算机控制的仓库管理系统可以独立实现仓储管理系统的各种功能：收货管理、存货管理、订单处理、分拣和配送控制。仓库管理系统将关注的重点集中于对仓储活动执行的优化和有效管理，同时延伸到运输配送计划和上下游供应商客户的信息交互，从而有效提高仓储企业、配送中心和生产企业的执行效率和作业效率，降低成本，提高企业客户的满意度，进而提升企业的核心竞争力。

二、仓库管理系统的功能模块

每个企业的仓库管理系统并不完全一样，企业会根据业务需求，自行研发或者采购相应的仓库管理系统。不过，万变不离其宗，为了能够更好地管理仓库业务，仓库管理系统会有一些核心模块。今天我们主要对基础信息管理模块、订单管理模块、仓储管理模块、商务结算模块及决策分析模块进行详细介绍。

1. 基础信息管理模块

仓库管理系统一般会让用户在该模块设定系统所需要的基础资料，包括储位信息、客户信息、收货人信息、货品信息、货品组装信息、库存信息、策略管理信息等，为企业仓库管理业务的顺利进行奠定了良好基础。

（1）储位信息。

储位信息主要是对仓库内存储区域划分情况的描述，同时，也需要对各存储区域的货架、货位信息进行详细设置。

（2）客户信息。

仓库管理系统是以第三方物流企业的视角构建的，因此，客户指租用本企业仓库用于存储货品的企业。

（3）收货人信息。

收货人既可以是客户自身，也可以是客户在出库通知中写明的收货人。

（4）货品信息。

货品信息指所有存放在仓库内的货品的名称、属性、包装、储位存放规格等详细信息。

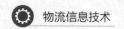

（5）货品组装信息。

货品组装信息主要是针对需要流通加工的货品，货品组装信息中，列明了组装货品配件及配件个数。

（6）库存信息。

库存信息表明了仓库内现有的货品及其存放情况。在进行库存信息设置时，需要注意，待出库货品、流通加工的配件、移库货品、待盘点货品都必须在仓库内有库存，否则无法进行后续的库内作业。

（7）策略管理信息。

策略管理信息包括对仓库管理系统自动上架和拣货作业的策略管理、库存账龄策略管理、库存监控策略管理、作业流程配置管理、ABC 分类配置管理等信息。

2. 订单管理模块

订单管理是对客户下达的各种指令进行查询、修改、打印等，同时将业务部门处理信息反馈至客户。订单管理模块的主要功能是通过统一订单给客户提供整合的一站式供应链服务，客户的物流服务得到全程满足。

订单管理模块要能够支持发货入库订单、发货出库订单、流通加工订单、退货入库订单、退货出库订单、退货加工订单等的录入、查询与跟踪。订单管理模块是物流管理链条中不可或缺的部分，通过对订单的管理和分配，仓储管理和运输管理有机结合，充分发挥物流管理中各个环节的作用，仓储、运输成为一个有机整体，满足物流系统信息化的需求。

3. 仓储管理模块

仓储管理模块旨在通过计算机的辅助和优化，如辅助上架、拣货、出库、预警告知等，并通过自动化设备的调度和使用，提高仓储作业的效率并减少仓储管理的成本。仓库管理系统中的仓储管理模块需要具备以下功能。

（1）入库作业管理。

通过计算机辅助执行高效的收货、理货、搬运、上架等作业，包括入库预处理、入库作业、入库反馈等功能，其中入库作业能够支持条码设备、电子拣选设备、立库设备等的接口。

（2）出库作业管理。

通过计算机辅助执行高效的拣选、理货、搬运等作业，包括出库预处理、出库作业、出库反馈等功能。

（3）流通加工作业管理。

执行流通加工作业，如打印、贴标签、更换包装、组装或拆卸等工作，包括流通加工作业预处理、流通加工作业、流通加工作业反馈等功能。

（4）库存管理。

包括库存综合查询、可视化库存管理、库存账龄管理、库存监控、ABC 分类配置等功能。

（5）其他作业。

包括移库作业、转库调拨作业和盘点作业等。

（6）反向物流管理。

包括退换货登记、退换货检验、退换货包装和退换货入库上架作业等。

4. 商务结算模块

商务结算模块记录了与管理仓库相关的作业活动的收支情况，使仓库内部运营成本透明，易于统计与核查，大大提高了各环节的结算效率。

系统化地管理与控制相关作业环节的成本，提升企业信息化程度，为数据剖析与收支核算做好准备。每一项仓库作业都可通过系统单号查询和追溯与财务相关的记录，优化了仓管员手工开具装卸作业单的流程，提高了人工效率。

5. 决策分析模块

决策分析模块能够提供查询、分析报表的功能，能同步采集入库、上架、出库、盘点等信息，实时掌握物品库存、货位等信息，并进行出入库单据查询、盘点查询、出入库流水账查询、物料收发汇总表查询、物料收发明细表查询、安全库存预警分析、库存账龄分析等，实时掌握物料的流向、产品的用料情况，便于企业进行产品质量异常原因的追溯。企业可根据仓库管理系统相关信息进行分析，制定仓储管理的实施策略，提高仓储管理效率，增加企业收入。

☀ 扫一扫

请扫描左侧的二维码，观看视频。

三、仓库管理系统的特点

仓库管理系统一般具有以下特点。

1. 实时性

实现了数据流和实物流的同步，通过仓库管理系统可全面掌控仓库当下库存、单据状态、任务执行各方面的情况。

2. 高效性

实现了作业全方位的指导，通过上架策略、分配策略、补货策略的设定，以及作业路径的全方位优化，有效提高了员工作业效率、库位利用率和库存周转率。

3. 准确性

通过对关键作业环节的数据确认和系统监控，有效避免了作业中的错误情况，保证了系统数据的准确性。

4. 灵活性

通过系统参数和策略的灵活配置及定制，仓库管理系统可全面支持企业物流业务不断发展和提高。

四、仓库管理系统的应用价值

1. 提高效率

（1）通过仓库管理系统可实现仓储作业流程规范化、标准化、可视化与自动化。

（2）与 ERP 数据自动对接，采用现代设备替代纸张作业。

（3）支持上架/周转/分配等管理策略应用，可确保高效作业与稳定运行。

2. 提高准确率

（1）作业信息实时传输，具有可追溯性，降低信息在传递过程中的差错率。

（2）通过全程条码作业及先进的硬件设备集成，大大提高作业交接的准确率。

（3）通过降低作业的复杂度与难度，提高仓库作业的准确率。

3. 提高仓库利用率

（1）库存合理，科学布局，最大限度地利用仓库空间。

（2）精细化、可视化的货位与容器管理，使仓库空间利用达到最优化。

（3）支持 ABC 分类、动态拣货等先进的库存管理与优化手段。

4. 为公司决策提供依据

（1）根据仓库管理系统提供的作业数据、出货周转率、EIQ 分析（从客户订单的品项、数量和订货次数等方面出发，进行配送特性和出货特性的分析）等功能，为管理人员进行流程优化与改造提供强有力的支撑。

（2）企业通过作业人员及设备的作业量统计与分析，可全方位了解仓库的运行状态，提高对仓库作业流程各环节的把控和优化。

扫一扫

请扫描左侧的二维码，阅读材料。

五、仓库管理系统在我国的应用

仓库管理系统是仓储管理信息化的具体形式，在我国市场上呈现二元结构：以跨国公司或国内少数先进企业为代表的高端市场，其应用仓库管理系统的比例较高，系统也集中在国外基本成熟的主流品牌；以国内部分企业为代表的中低端市场，主要应用国内开发的仓库管理系统产品。下面主要结合中国物流与采购联合会征集的物流信息化优秀案例，从应用角度对国内企业的仓库管理系统概况进行分析。

第一类是基于典型的配送中心业务的应用系统，在销售物流中（如连锁超市的配送中心）、在供应物流中（如生产企业的零配件配送中心），都能见到这样的案例。某医药股份有限公司的现代物流中心就应用了该类系统。其系统的目标一是落实国家有关医药物流的管理和控制标准等，二是优化流程、提高效率。其系统功能包括进货管理、库存管理、订单管理、拣选管理、复核管理、配送管理、RFID 终端管理、商品与货位基本信息管理等功能模块。该系统通过网络化和数字化的方式，提高库内作业控制水平。该系统把配送时间缩短了 50%，订单处理能力提高了一倍以上，还取得了显著的社会效益，成为医药物流的一个示范系统。此类系统多用于制造业或分销业的供应链管理流程中，也是仓库管理系统中最常见的一类。

第二类是以仓储作业技术的整合为主要目标的系统，解决各种自动化设备信息系统之间整合与优化的问题。武钢股份有限公司第二热轧厂的生产物流信息系统属于此类系统。该系统主要解决原材料（钢坯）库、半成品（粗轧中厚板）库与成品（热轧薄板）库之间的协调运行问题。该系统的难点在于物流系统与轧钢流水线的各自动化设备系统要无缝连接，使库存成为流水线的一个流动环节，使流水线成为库存操作的一个组成部分。各种专用设备均有自己的信息系统，仓库管理系统不仅要整合设备系统，也要整合工艺流程系统，还要融入更大范围的企业整体信息化系统。此类系统涉及的流程相对规范、专业，多出现在大型 ERP 系统之中，是其重要组成部分。

第三类是以仓储业的经营决策为重点的应用系统，其鲜明的特点是具有非常灵活的计费系统、准确及时的核算系统和功能完善的客户管理系统，为仓储业经营提供决策支持信息。华润物流（集团）有限公司的润发仓库管理系统就属于此类系统。此类系统多用于提供公共仓储服务的企业中，其流程管理、仓储作业的技术共性多、特性少，所以要求不高，适合对多数客户提供通用的服务。华润物流（集团）有限公司采用了一套适合自身特点的仓库管理系统以后，减少了人工成本，提高了仓库利用率，明显增加了经济效益。

第四类是以电子商务 B2C 仓库管理为目的的应用系统，这类系统侧重于仓库管理和配送管理的一体化，也就是我们通常所说的 WMS + TMS（仓库管理系统 + 运输管理系统）。这类系统大部分采用随机存储策略，以亚马逊的系统最为出名。国内仓配一体化做得比较好的有易邮递的 E8 - DMS 系统，已经在中国移动商城等多家国内电子商务作业中被采纳。仓配一体化的系统真正使电子商务的仓储管理、物流配送管理、客服管理和供应链的可视化得以具体实现。

仓库管理系统的核心理念是高效的任务执行和流程规划策略，是建立在成熟的物流理念的基础之上的、高性能的仓库管理系统。仓库管理系统通过不同的功能模块支持企业仓储配送作业，并适应不断变化着的商务策略、客户需求、现代化设备、结构环境，通过提高作业效率与资源利用率来降低物流成本和提升客户服务水平，实现对大型仓库或配送中心的所有执行过程的有效管理，从而使仓储管理策略长期处于领先地位，帮助企业提高物流管理的核心竞争力。

📝 **思政提升**

神舟十二号载人飞船发射成功

2021 年 6 月 17 日，神舟十二号载人航天飞船成功发射，并与天和核心舱成功完成对接。

神舟十二号载人飞船刷新了中国载人航天技术的新高度，完成五项"中国首次"，即首次实施载人飞船自主快速交会对接，首次实施绕飞空间站并与空间站径向交会，首次实现长期在轨停靠，首次具备从不同高度轨道返回东风着陆场的能力，首次具备天地结合多重保证的应急救援能力。

这意味着中国的载人航天项目正式迈入"三步走"的最后阶段"实现太空长期驻守"。更重要的是，中国的载人航天飞船也终于脱离试验阶段，开始实现太空往返常态化。中国正式进入太空站时代！

航天人的征程是星辰大海。随着我国北斗系统全球组网完成，北斗导航终端已经引入神舟十二号飞船设计之中，导航计算、返回搜救落点报告等都采用了北斗系统定位数据。神舟十二号飞船使用的控制计算机、数据管理计算机也完全采用国产 CPU 芯片，元器件和原材料全面实现自主可控。

　　当前，太空进入商业化新时代，成为当前经济发展新的动力引擎。此外，伴随航天技术的井喷式发展和太空力量的迅猛推进，太空真正成为国家安全和军事斗争的制高点，在强国战略中发挥着重要作用。目前，人类社会的政治、经济、科技、军事等各个领域都离不开太空的支持。太空中的各种卫星为我们提供测绘、通信、导航等各种信息服务，维持社会体系的正常运转。伴随人类对太空依赖性的不断增强，太空安全不仅成为国家安全的重要组成部分，而且成为实现国家安全的先决条件。没有太空安全，就没有国家安全。尤其是在突发灾害和重大事故中，太空更是承担着重要角色。太空提供的各种情报信息、精准定位数据等是国家安全应急体系高效工作的基础与前提。

　　科学技术是第一生产力，科学技术深刻地影响着经济和社会的发展。作为年轻人，我们要有热爱科学的精神和科技强国的创新意识，应努力提高自身素质，立志做创新型人才。

任务实施参考答案

　　步骤一：登录仓库管理系统。
　　请登录仓库管理系统，熟悉系统操作界面。
　　张伟进入物流教学系统综合平台的仓库管理系统登录界面，输入账号和密码，点击"确认"登录仓库管理系统。仓库管理系统登录界面如图 4-4-1 所示。

图 4-4-1　仓库管理系统登录界面

　　张伟进入仓库管理系统，系统首页操作界面如图 4-4-2 所示。
　　经过观察，张伟发现仓库管理系统按照作业环节分成了四大功能模块，分别是入库管理、出库管理、在库作业、仓储综合查询。

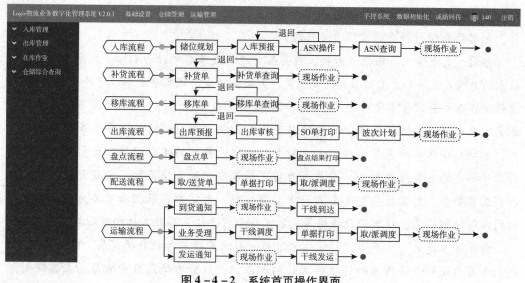

图 4-4-2　系统首页操作界面

步骤二：添加客户信息。

请在仓库管理系统中添加一项客户信息。

张伟点击"基础设置"中"客户管理"下的"客户信息管理"，基础设置界面如图 4-4-3 所示。

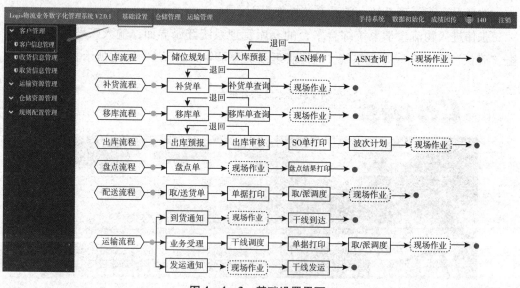

图 4-4-3　基础设置界面

在新增客户信息界面点击"新增"，新增客户信息界面如图 4-4-4 所示。输入客户信息，并点击"保存"完成新增，完成新增客户信息界面如图 4-4-5 所示。

步骤三：仓库综合查询。

请查询仓库库存数据。

图 4 - 4 - 4　新增客户信息界面

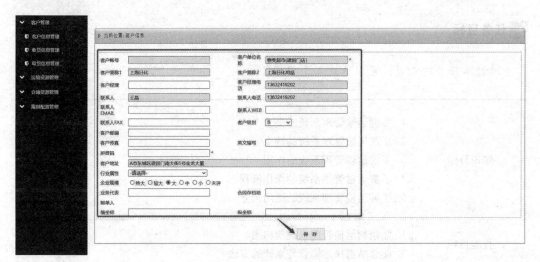

图 4 - 4 - 5　完成新增客户信息界面

张伟点击"仓储综合查询"中的"库存查询"即可查询仓库库存数据。

仓库管理系统显示区名称、储位、货品名称、批次等详细信息。库存查询界面如图 4 - 4 - 6 所示。

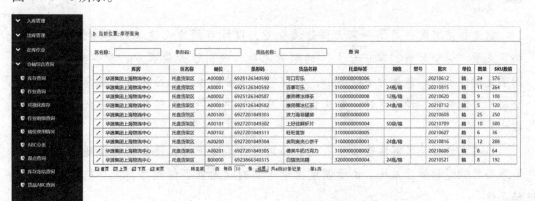

图 4 - 4 - 6　库存查询界面

项目五　运输信息技术

任务一　运输管理系统

🔧 任务目标

通过本任务的学习，可以达成以下目标。

知识目标	1. 掌握运输管理系统的概念 2. 了解运输管理系统的特点 3. 了解运输管理系统的作用 4. 了解运输管理系统的操作流程 5. 了解运输管理系统的适用企业
技能目标	1. 能绘制运输管理系统架构图 2. 能总结选择运输管理系统的方法
思政目标	树立数据共享的意识

⏱ 任务发布

　　急速物流有限公司是一家大型物流企业，以城市间的长途干线运输为主要业务。公司秉承"诚信经营，客户至上"的经营原则，吸引了大量客户，业务量急剧上涨。随着运输频次和运载量的不断增加，目前的人工管理模式已经无法适应急速物流有限公司的管理需求。经过商讨，急速物流有限公司决定使用运输管理系统代替人工管理模式。

　　当务之急就是了解运输管理系统和公司业务的适配性以及如何选择适合急速物流有限公司的运输管理系统。由于调度主管李雷对运输业务较熟悉，领导把这个任务交给了他。

　　请问，李雷应该如何完成这个任务呢？

任务引导

引导问题 1：什么是运输管理系统？运输管理系统具备哪些功能？

引导问题 2：在物流行业，使用运输管理系统能给企业带来哪些收益？尝试举例说明。

任务工单

运输管理系统的任务工单如表 5 – 1 – 1 所示。

表 5 – 1 – 1　　　　　　　　　运输管理系统的任务工单

任务名称：	
组长：	组员：
任务分工：	
方法、工具：	
任务步骤：	

任务实施

步骤一：了解运输管理系统的功能。

请总结运输管理系统的功能。

步骤二：绘制运输管理系统架构。

请绘制出运输管理系统架构。

步骤三：选择合适的运输管理系统。

请总结第三方物流企业应该如何选择合适的运输管理系统。

任务评价

学生互评表

任务名称		运输管理系统					
班级		组别		姓名		学号	
评价项目（占比）		评价标准				满分（分）	得分（分）
考勤（10%）		学生考勤情况（无故旷课、迟到、早退出现一次扣10分，请假一次扣2分）				10	
学习能力（10%）	合作学习能力	小组合作参与程度（优6分、良4分、一般2分、未参与0分）				6	
	个人学习能力	个人自主探究参与程度（优4分、良2分、未参与0分）				4	
工作过程（60%）	了解运输管理系统的功能	能阐述运输管理系统的概念和特点（每错一处扣1分）				10	
		能总结运输管理系统的功能（每错一处扣5分）				10	
		能分析运输管理系统的作用（每错一处扣1分）				5	
	绘制运输管理系统架构图	能掌握运输管理系统的操作流程（每错一处扣1分）				10	
		能绘制运输管理系统架构图（每错一处扣5分）				10	
	选择合适的运输管理系统	能阐述运输管理系统的适用企业（每错一处扣5分）				5	
		能选择合适的运输管理系统（每错一处扣5分）				10	
工作成果（20%）	成果完成情况	能按规范及要求完成任务（未完成一处扣2分）				10	
	成果展示情况	能选择合适的运输管理系统（失误一次扣5分）				10	
总得分							

教师评价表

任务名称			运输管理系统			
授课信息						
班级		组别		姓名		学号	
评价项目 （占比）		评价标准			满分 （分）	得分 （分）
考勤（10%）		学生考勤情况（无故旷课、迟到、早退出现一次扣10分，请假一次扣2分）			10	
学习能力 （10%）	合作学习能力	小组合作参与程度（优6分、良4分、一般2分、未参与0分）			6	
	个人学习能力	个人自主探究参与程度（优4分、良2分、未参与0分）			4	
工作过程 （60%）	了解运输管理系统的功能	能阐述运输管理系统的概念和特点（每错一处扣1分）			10	
		能总结运输管理系统的功能（每错一处扣5分）			10	
		能分析运输管理系统的作用（每错一处扣1分）			5	
	绘制运输管理系统架构图	能掌握运输管理系统的操作流程（每错一处扣1分）			10	
		能绘制运输管理系统架构图（每错一处扣5分）			10	
	选择合适的运输管理系统	能阐述运输管理系统的适用企业（每错一处扣5分）			5	
		能选择合适的运输管理系统（每错一处扣5分）			10	
工作成果 （20%）	成果完成情况	能按规范及要求完成任务（未完成一处扣2分）			10	
	成果展示情况	能选择合适的运输管理系统（失误一次扣5分）			10	
总得分						

👤 任务反思

在完成任务的过程中，遇到了哪些问题？是如何解决的？

📖 知识学习

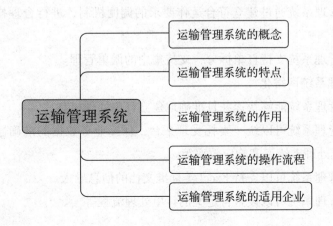

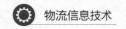

一、运输管理系统的概念

运输是物流管理环节中的重要组成部分，其在物流运作时间及物流运作成本中占有很大的比重。运输涉及货主、收货人及司机等多方主体，且运输过程中存在着一些不确定因素，因此管理过程较为复杂，传统的运输管理是由第三方物流企业通过电话通信、表格记录等较为滞后的管理方式进行的，受人工控制的程度较大，缺乏主动性。

消费市场客户需求由"少品种、大批量、小批次、长周期"转变为"多品种、小批量、多批次、短周期"，传统运输管理方式信息效率低、准确性差、反应迟缓等，已经无法满足当下市场的硬性需求，因此现代物流运输管理模式成为当下第三方物流企业以及其他相关物流企业管理转型的目标。

运输管理系统是供应链管理中基于网络的操作系统，负责管理运输过程中的车辆和货物等。那什么是运输管理系统呢？

《物流术语》（GB/T 18354—2021）中指出，运输管理系统（Transportation Management System，TMS）是在运输作业过程中，进行配载作业、调度分配、线路规划、行车管理等多项任务管理的系统。

运输管理系统的关键是实现承运商、营运商、发货人三方工作人员的分工协作，并完成每日运输任务的追踪管理。运输管理系统更适用于专业的运输企业、规模企业下属的运输队等。

二、运输管理系统的特点

1. 统一的调度管理

（1）通过智能化调度提醒，运输管理系统可以实现人性化调度，全面提升企业车辆利用效率。

（2）运输管理系统设置值班调度，整合 GPS 数据，实时跟踪货物流向，及时调整并处理非正常业务。

（3）运输管理系统通过建立符合运作要求的调度机制，进行合理排班，具有灵活的排班方式。

（4）运输管理系统支持订单拆分，支持集中的派单管理。

2. 运输管理系统网络化

（1）运输管理系统能够快速并且准确地建立订单处理机制。

（2）运输管理系统可以统一委托受理平台，保障业务数据的准确性，随时获取关键指标，如委托处理差错率和响应效率等。

（3）运输管理系统可以支持 Excel 等标准文档的信息导入。

（4）运输管理系统可以设置自定义的订单处理流程等。

3. 财务管理集中化

（1）这个功能可以让运输管理系统对合约进行统一管理，保证运输管理系统能够自动并且准确地生成费用。

（2）运输管理系统能够加强收付账款管理，同时完善费用处理流程，优化备用金管理模式。

（3）运输管理系统可以支持多种对冲、应收/付等核销方式。

（4）运输管理系统可以支持账龄分析、备用金结存情况分析。

（5）运输管理系统实行统一的财务处理流程。

4. 集成新技术

越来越多的运输管理系统与 GPS、GIS 有效集成，利用全球移动通信系统的信息网络，通过车载终端来实现对车辆的实时监控、跟踪，从而提高车辆的有效利用率，保证车辆及货物安全，加强对车辆和驾驶员的管理。运输管理系统还可以提供行车记录仪、门磁、自动加油机、轮胎检测设备等的接口支持服务，全面提升企业服务能力，为客户提供更加贴身的信息服务。

5. 成本管理

（1）运输管理系统支持对相关成本费用的管理和预警，并且围绕运营业务，实现从维修到进出库的全过程管理。

（2）运输管理系统支持关键绩效指标考核。

（3）运输管理系统的报表模块提供整体业务运营多角度、多方位的分析报告，并使用图形化的方式呈现关键指标的直观图示。

三、运输管理系统的作用

1. 迅速查询运输信息

运输管理系统可以使查询作业变得简单、快捷。当客户需要查询货物的状态时，只需要输入运单号，马上就可以知道有关货物状态的信息。

2. 提高运送货物的准确性和及时性，提高客户服务水平

通过跟踪货物信息，可以确认货物是否能在规定的时间内送到客户手中，能够及时发现运输过程中出现的问题，便于企业及时查明原因并进行改正。

3. 提升企业的竞争优势

运输管理系统是获得竞争优势的重要手段，通过系统收集到的信息为运输调度提供决策依据，提供最佳的路线选择依据，从而提高物流运输效率，提供差异化的物流服务。

4. 有利于信息资源的共享

供应链上相关作业人员利用运输管理系统，可以实时查询、跟踪货物运输状态，有助于客户预先做好接货准备，合理安排后续工作。

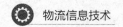

四、运输管理系统的操作流程

1. 建立基础资料

在运输管理系统中建立的基础资料包括客户信息、承运方信息、车辆管理信息等。

2. 生成客户订单

客户在运输管理系统中提出用车需求，生成客户订单。客户订单中应准确填写收/发货人信息、货物信息、用车信息和增值服务信息。客户订单的状态有待调度、已调度、等待提货、取货中、运输中、已完成等。

3. 处理客户订单

（1）审单。

运输管理系统对客户订单进行审核。有问题的订单（如信息填写不完整、地址解析错误的订单）打回；没有问题的订单标记为计划订单，进入调度阶段。

（2）调度。

把计划订单派发给相应的承运方，这个过程称为调度，调度关系到运输作业的最终成本控制。

（3）跟踪。

承运方开始执行运输任务，实时跟踪客户订单状态，并将状态信息上传至运输管理系统。既能保证客户实时了解订单状态，也方便承运方管理司机，以保障运输任务的顺利完成。

（4）回单。

回单既是收货人已收到货的凭证，也是客户进行结算的凭证。收货人签收货物后，司机需要在运输管理系统中上传回单并更改订单状态。

4. 异常管理

在签收之前，客户都可以在运输管理系统中上报异常。上报异常时客户需要对异常情况进行详细说明，比如货物损坏、延迟交付等情况，以便后续进行协调处理、界定赔偿责任等。

☀ 扫一扫

请扫描左侧的二维码，观看视频。

五、运输管理系统的适用企业

目前，运输管理系统在我国的应用已经比较广泛了，运输管理系统的适用企业主要是各类运输企业、第三方物流企业，以及自行完成运输业务的大型生产企业和大型流通企业等。

1. 运输企业

运输管理系统的应用主要是帮助运输企业实现业务单据电子化及信息传递电子化。运输管理系统的全面普及，有利于各运输企业成为业务合作伙伴，共同开拓市场，提高车辆的使用效率，拓展新业务，实现向现代物流企业的转型。

2. 第三方物流企业

第三方物流企业往往在全国范围内拥有经营网络。运输管理系统的建立和应用，可以帮助第三方物流企业在全国范围内实现对运输工具、运输线路、物流基础设施的全面控制和跟踪。

3. 大型生产企业

大型生产企业目前的做法是通过 ERP 系统延伸到运输业务中实现对运输过程、信息、人员的管理。但由于 ERP 系统中的运输管理系统的专业化程度不高，不能有效延伸至物流活动各环节，因此效果并不明显。目前，不少大型生产企业选择将 ERP 系统与运输管理系统集成使用，从而实现对运输业务的有效管理。

4. 大型流通企业

大型流通企业通常在一个地区甚至全国范围内都建立了完善的批发和零售网络，批发和零售站点的快速、低成本配送是大型流通企业的行业优势。因此，大部分流通企业都十分关注物流环节，关注信息流的畅通。运输管理系统在大型流通企业的应用将会有效优化流通渠道中的资源，有利于维持和提高其行业竞争力。

☀ 扫一扫

请扫描左侧的二维码，阅读材料。

✏️ **思政提升**

《"十四五"全民健康信息化规划》的发布

为贯彻落实党中央、国务院的决策部署，统筹推动全民健康信息化建设，进一步推进新一代信息技术与卫生健康行业深度融合，将数字技术与系统思维贯穿到健康中国、数字中国建设的全过程，充分发挥信息化在卫生健康工作中的支撑引领作用，国家卫生健康委联合国家中医药局和国家疾控局根据全民健康信息化工作面临的新形势新任务，坚持"统筹集约、共建共享，服务导向、业务驱动，开放融合、创新发展，规范有序、安全可控"的基本原则，以引领支撑卫生健康事业高质量发展为主题，编制印发《"十四五"全民健康信息化规划》（以下简称《规划》）。

《规划》指出，通过实施全民健康信息新基建、数字化智能化升级改造等一系列重大工程与开展互通共享三年攻坚、健康中国建设等一系列优先行动，为信息化任务落地落实提供强有力抓手。

国家卫生健康委、国家中医药局和国家疾控局将把《规划》纳入健康中国建设和卫生健康事业发展总体规划统一部署、统筹安排、整体推进，着力解决全民健康信息化发展过程中出现的实际问题，加快推动全民健康信息化建设。通过系列举措，重塑管理服务模式，实现政府决策科学化、社会治理精准化、公共服务高效化，为防范化解重大疫情和突发公共卫生风险、实施健康中国战略、积极应对人口老龄化战略、构建优质高效的医疗卫生服务体系提供强力支撑。

信息共享是提高信息资源利用率，避免在信息管理上重复浪费的一个重要手段。所以，我们一定要树立信息共享的意识，节约社会成本，创造更多财富。

任务实施参考答案

步骤一：了解运输管理系统的功能。

请总结运输管理系统的功能。

运输管理系统的功能主要包括基础信息管理、运输调度管理、场站作业管理、查询统计管理、异常管理、运输外包管理和 GPS 跟踪管理等。

1. 基础信息管理

基础信息管理包括运力资源管理、运输线路管理等功能。

运输管理系统需要对始发站和目的站的客户基本信息、运力信息、车辆信息等进行基本维护。运输管理系统可以管理所有的自有运力资源和分供方运力资源。运输线路则根据运输管理系统能够控制的运力资源进行编排，作为运输调度优化的依据。

2. 运输调度管理

运输调度管理包括运单起点站的取货调度、运单终点站的派送调度、长途运输的集货调度、运输线路安排、货物中转调度和运单跟踪等功能，可实现运单及其货物的全过程调度管理和跟踪服务。

3. 场站作业管理

根据调度指令实现取货、派送、出站扫描、入站扫描、货签打印等功能。场站作业可以与手持设备无缝集成，实现高效和准确作业。

4. 查询统计管理

查询统计管理包括运单查询、运单跟踪、应收应付查询、综合查询等功能，并以文字、图表等多种方式进行展现。

5. 异常管理

运输管理系统可对客户服务、运输调度、场站作业等多个环节的业务运转中可能产生的异常情况进行定义，并对异常的报告进行处理等。

6. 运输外包管理

运输外包管理一般要实现运输外包调度管理、运输外包信息反馈管理和运输外包回单处理等。

7. GPS 跟踪管理

运输管理系统能实现与 GPS 的集成，进行车辆的路径规划，实施监控、预警、回放等操作。

步骤二：绘制运输管理系统架构。

请绘制出运输管理系统架构。

运输管理系统架构如图 5 - 1 - 1 所示。

步骤三：选择合适的运输管理系统。

请总结第三方物流企业应该如何选择合适的运输管理系统。

第三方物流企业在选择运输管理系统时应多方考虑，使运输管理更有效益。

1. 在数据管理和承运人关系维护上占据主动权

对于第三方物流企业来说，只有在数据管理和承运人关系维护上占据主动权，才能使运输管理系统在应用中具有一定的保险性和伸缩性，因此在选购运输管理系统时要考虑系统的授权方式，系统永久授权将为企业长期战略管理提供一定的安全保障。

2. 系统功能设定符合企业当下物流管理需求

对于运输管理系统研发商来说，在产品研发之初都会根据管理群体的规模、类型、特殊性进行产品的市场定位，因此，第三方物流企业在选择运输管理系统时，应该结合企业实际需求，从客观角度看待产品，并不是贵的就是好的，而是适合自己的才是最好的。

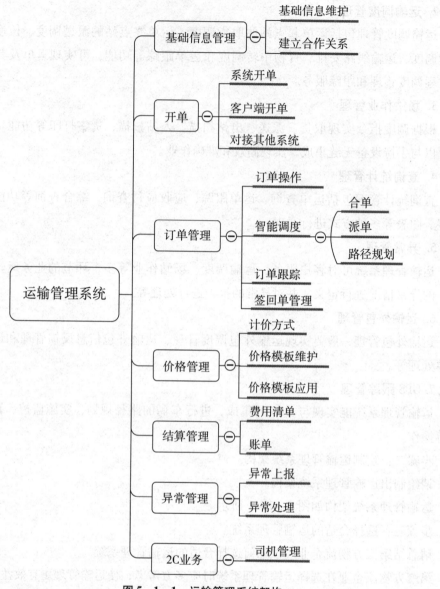

图 5 – 1 – 1　运输管理系统架构

3. 配套硬件、软件是保证运输管理系统有效运作的前提

在应用运输管理系统的初期，必须审视客户的硬件需求，然后根据评估结果设定软件和购买硬件。与此同时，供应商也要具备能够安装和配置通信连接、企业信息应用工具软件的能力，并根据需要安装和支持第三方软件。

任务二　GPS 概述

任务目标

通过本任务的学习，可以达成以下目标。

知识目标	1. 掌握 GPS 的概念 2. 掌握 GPS 的构成 3. 理解 GPS 的工作原理 4. 了解 GPS 的优势 5. 了解 GPS 的应用 6. 了解 GPS 的发展前景和趋势
技能目标	1. 能阐述车载 GPS 的功能 2. 能安装车载 GPS 3. 能阐述 GPS 后台监控系统的运行过程
思政目标	树立科技强国的意识

任务发布

伴随着物流行业的快速发展，如何降低物流运输成本已经成为每个企业提高企业业绩、降低经营成本中的重要一环。为了更加便捷、精确地了解车辆在途信息，急速物流有限公司决定为自有车辆全部配置车载 GPS。

陈翔作为一名司机，他需要给自己的车装上车载 GPS，可是他对于 GPS 很陌生，不知道 GPS 的工作原理，也不知道 GPS 如何安装和使用。他该怎么做呢？

任务引导

引导问题 1：什么是 GPS？GPS 具备哪些功能？

（空白框）

引导问题2：在生活中，你使用过 GPS 吗？尝试举例说明。

（空白框）

📎 任务工单

GPS 概述的任务工单如表 5 – 2 – 1 所示。

表 5 – 2 – 1 　　　　　　　　　　　GPS 概述的任务工单

任务名称：	
组长：	组员：
任务分工：	
方法、工具：	
任务步骤：	

任务实施

步骤一：明确车载 GPS 的功能。

请熟悉并梳理车载 GPS 的功能。

步骤二：安装车载 GPS。

请安装好车载 GPS。

步骤三：解析 GPS 后台监控系统运行过程。

请总结 GPS 后台监控系统运行过程的要点。

任务评价

学生互评表

任务名称			GPS 概述			
班级		组别		姓名		学号
评价项目 （占比）			评价标准		满分 （分）	得分 （分）
考勤（10%）			学生考勤情况（无故旷课、迟到、早退出现一次扣 10 分，请假一次扣 2 分）		10	
学习能力 （10%）	合作学习能力		小组合作参与程度（优 6 分、良 4 分、一般 2 分、未参与 0 分）		6	
	个人学习能力		个人自主探究参与程度（优 4 分、良 2 分、未参与 0 分）		4	
工作过程 （60%）	明确车载 GPS 的功能		能阐述 GPS 的概念（每错一处扣 1 分）		10	
			能阐述 GPS 的工作原理（每错一处扣 5 分）		10	
			能分析车载 GPS 的功能（每错一处扣 1 分）		10	
			能分析 GPS 的发展前景和趋势（每错一处扣 1 分）		10	
	车载 GPS 安装操作		能安装车载 GPS（每错一处扣 1 分）		10	
			能阐述 GPS 的优势（每错一处扣 5 分）		5	
	GPS 后台监控系统运行过程解析		能阐述 GPS 的应用（每错一处扣 1 分）		5	
工作成果 （20%）	成果完成情况		能按规范及要求完成任务（未完成一处扣 2 分）		10	
	成果展示情况		能阐述 GPS 后台监控系统的运行过程（失误一次扣 5 分）		10	
总得分						

教师评价表

任务名称	GPS 概述					
授课信息						
班级		组别		姓名	学号	

评价项目（占比）		评价标准	满分（分）	得分（分）
考勤（10%）		学生考勤情况（无故旷课、迟到、早退出现一次扣 10 分，请假一次扣 2 分）	10	
学习能力（10%）	合作学习能力	小组合作参与程度（优 6 分、良 4 分、一般 2 分、未参与 0 分）	6	
	个人学习能力	个人自主探究参与程度（优 4 分、良 2 分、未参与 0 分）	4	
工作过程（60%）	明确车载 GPS 的功能	能阐述 GPS 的概念（每错一处扣 1 分）	10	
		能阐述 GPS 的工作原理（每错一处扣 5 分）	10	
		能分析车载 GPS 的功能（每错一处扣 1 分）	10	
		能分析 GPS 的发展前景和趋势（每错一处扣 1 分）	10	
	车载 GPS 安装操作	能安装车载 GPS（每错一处扣 1 分）	10	
		能阐述 GPS 的优势（每错一处扣 5 分）	5	
	GPS 后台监控系统运行过程解析	能阐述 GPS 的应用（每错一处扣 1 分）	5	
工作成果（20%）	成果完成情况	能按规范及要求完成任务（未完成一处扣 2 分）	10	
	成果展示情况	能阐述 GPS 后台监控系统的运行过程（失误一次扣 5 分）	10	
总得分				

任务反思

在完成任务的过程中，遇到了哪些问题？是如何解决的？

📖 知识学习

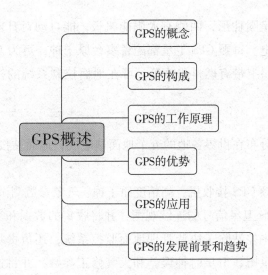

一、GPS 的概念

说到 GPS，大家可能并不陌生。那到底什么是 GPS 呢？

上文已提到，全球定位系统（GPS）是以人造卫星为基础、24 小时提供高精度的全球范围的定位和导航信息的系统。

GPS 在全球任何地方以及近地空间都能够提供准确的地理位置、车行速度及精确的时间信息。美国从 20 世纪 70 年代开始研制 GPS，历时 20 年耗资 200 亿美元，于 1994 年全面建成，具有陆、海、空全方位实时三维导航与定位功能的新一代卫星导航与定位系统。

☀ 扫 一 扫

请扫描左侧的二维码，观看视频。

二、GPS 的构成

1. 空间卫星系统

GPS 卫星的主体呈圆柱形，两侧有太阳能帆板，能自动对日定向。太阳能电池为 GPS 卫星提供工作用电。每颗 GPS 卫星都配备多台原子钟，可为 GPS 卫星提供高精度的时间标准。GPS 卫星上带有燃料和喷管，可在地面控制系统的控制下调整自己的运行轨道。

2. 地面监控系统

地面监控系统由分布在世界各地的五个地面站组成，地面站按功能可分为监测站、主控站和注入站三种。

监测站内设有双频 GPS 接收机、高精度原子钟、气象参数测试仪和计算机等设备，主要任务是完成对 GPS 卫星信号的连续观测，并将收集的数据和当地气象观测资料处理后传送到主控站。主控站除了协调管理地面监控系统，还负责将监测站的观测资料联合处理，推算卫星星历、卫星时钟误差和大气修正参数，并将这些数据编制成导航电文送到注入站；调整偏离轨道的卫星，使之沿预定轨道运行；调度备用卫星，以替代失效的卫星开展工作。注入站的主要任务是将主控站编制的导航电文、计算出的卫星星历和卫星时钟误差的改正数等通过直径为 3.6m 的天线注入相应的卫星。

3. 用户接收系统

用户接收系统主要由以无线电传感和计算机技术支撑的 GPS 卫星接收机和 GPS 数据处理软件构成。

GPS 卫星接收机的基本结构包括天线单元和接收单元两部分。天线单元的主要作用是当 GPS 卫星从地平线上升起时，能捕获、跟踪卫星，接收、放大 GPS 卫星信号。接收单元的主要作用是记录 GPS 卫星信号并对 GPS 卫星信号进行解调和滤波处理，还原出 GPS 卫星发送的导航电文，求出 GPS 卫星信号在站星间的传播时间和载波相位差，实时地获得导航定位数据，还可以采用测后处理的方式，获得定位、测速、定时等数据。

GPS 数据处理软件是 GPS 用户接收系统的重要组成部分，其主要功能是对 GPS 卫星接收机获取的卫星测量记录数据进行"粗加工""预处理"，并对处理结果进行平差计算、坐标转换及分析综合处理。

三、GPS 的工作原理

GPS 以全球 24 颗定位人造卫星（即 GPS 卫星）为基础。24 颗 GPS 卫星在离地面 12000 千米的高空上，以 12 小时的周期环绕地球运行，使得在任意时刻，在地面上的任意一点都可以同时观测到 4 颗以上的 GPS 卫星。

在假定 GPS 卫星的位置已知，并且可以精确测定地面上某点和 3 颗 GPS 卫星间的距离的基础之上，我们可以知道地面上某点即处于分别以 3 颗 GPS 卫星为球心，所测得的距离为半径的球面上，共可得 2 个交叉点。可以根据实际地面状况排除一点，所得另一点即为测定位置。

四、GPS 的优势

1. 全球全天候定位

GPS 卫星的数目较多，且分布均匀，保证了地球上任何地方、任何时间，至少可以同时观测到 4 颗 GPS 卫星，确保实现全球全天候连续的导航定位服务（除打雷、闪电天气不宜观测外）。

2. 定位精度高

GPS 一般民用精度为 10 米左右，军用精度误差更小。

3. 观测时间短

随着 GPS 的不断完善，20 千米以内相对静态定位，仅需 15～20 分钟；当每个流动站与基准站相距在 15 千米以内时，流动站观测时间只需一两分钟；采取实时动态定位模式时，每站观测仅需几秒钟。

4. 测站间无须通视

GPS 测量只要求测站上空开阔，不要求测站之间互相通视，因而不再需要建造觇标。

5. 仪器操作简便

随着 GPS 接收机的不断改进，GPS 测量的自动化程度越来越高，有的已趋于"傻瓜化"。

6. 可提供全球统一的三维地心坐标

GPS 在全球不同地点的测量结果是相互关联的。

扫 — 扫

请扫描左侧的二维码，阅读材料。

五、GPS 的应用

在物流管理中，GPS 是非常先进和实用的工具。GPS 在物流业中的主要应用有：配送车辆的自定位、跟踪调度、陆地救援；内河及远洋轮船的最佳航程和安全航线的测定，航向的实时调度、监测及水上救援；航空领域的空中交通管理、精密进场着陆、航路导航和监视。

典型应用如下。

1. 用于公路运输管理

基于 GPS 构建的计算机管理信息系统在公路领域可以通过 GPS 和计算机网络实时收集汽车及所运货物的动态信息，可实现汽车、货物追踪管理，并及时进行汽车的调度管理。

2. 用于铁路运输管理

基于 GPS 构建的计算机管理信息系统在铁路领域可以通过 GPS 和计算机网络实时收集全路列车、机车、集装箱及所运货物的动态信息，可实现列车、货物追踪管理。只要知道列车的车种、车型、车号，就可以立即从近 10 万千米的铁路网上流动着的几十万辆列车中找到该辆列车，还能得知这列列车在何处运行或停在何处，以及所有的车载货物发货信息。铁路部门运用这项技术可大大提高铁路网运营管理的透明度，为货主提供更高质量的服务。

3. 用于物流配送

GPS 的建立给导航和定位技术带来了巨大的变化，它从根本上解决了人类在地球上的导航和定位问题，可以满足物流客户的需要。目前，GPS 备受人们关注，其中一个重要的原因是 GPS 的诸多功能已被证明是卓有成效的，尤其是在物流配送领域。由于物流配送过程是实物的空间位置转移过程，所以对可能涉及的货物的运输、仓储、装卸等处理环节的问题，如运输路线的选择、仓库位置的选择、仓库的容量设置、合理装卸策略的制定、运输车辆的调度和投递路线的选择都可以通过 GPS 进行有效管理和决策分析，这将有助于配送企业有效地利用现有资源，降低消耗、提高效率。

六、GPS 的发展前景和趋势

GPS 的发展前景和趋势主要表现在以下三个方面。

第一，卫星导航的多系统并存，使系统可用性得以提高，应用领域将更广阔。

第二，多元组合导航技术正在得到推广和应用，主要有 GPS 与移动通信基站定位、航位推算等的组合应用。

第三，卫星导航与无线通信等技术相结合，如将 GPS 接收机嵌入蜂窝电话、便携式 PC（个人计算机）、PDA（个人数字助理）和手表等通信、安全和消费类电子产品中，从根本上促进了 IT 行业的整体发展。

随着 GPS 的发展，人们越来越意识到它的重大作用及广阔的应用领域。除军事应用外，GPS 已应用于航天、航空、航海、气象、建筑、交通、水利、电力、环保、银行、公安、消防等诸多领域，其应用的形式也多种多样。正如专家所预言的那样，GPS 将改变许多行业的经营方式，它是继计算机革命之后的又一场革命。

✎ **思政提升**

北斗卫星导航系统入选"2022 全球十大工程成就"

2022 年 12 月 15 日，中国工程院院刊《Engineering》发布"2022 全球十大工程成就"，北斗卫星导航系统等全球十项工程成就入选。

2020 年 7 月 31 日，北斗三号全球卫星导航系统正式开通，这是继 GPS、GLONASS（格洛纳斯）之后第三个成熟的全球卫星导航系统。北斗卫星导航系统包括空间段、地面段和用户段三部分，可以面向全球提供定位导航授时、全球短报文通信和国际搜救服务，面向亚太地区提供星基增强、地基增强、精密单点定位和区域短报文通信服务，已成功应用于交通运输、海洋渔业、水文监测、地理测绘、电力调度、救灾减灾、气象预报、应急搜救等领域，产生了显著的经济和社会效益。

未来，北斗工程全线将继续秉承"中国的北斗、世界的北斗、一流的北斗"的发展理念，大力弘扬"自主创新、开放融合、万众一心、追求卓越"的新时代北斗精神，自信自强、守正创新，踔厉奋发、勇毅前行，持续管好、用好、发展好北斗系统，推动以下一代北斗系统为核心的国家综合定位导航授时（PNT）体系建设，让北斗卫星导航系统更好地服务全球、造福人类。

科技兴则民族兴，科技强则国家强。实现"两个一百年"奋斗目标，实现中华民族伟大复兴的中国梦，必须坚持走中国特色自主创新道路，面向世界科技前沿、面向经济主战场、面向国家重大需求，加快各领域科技创新，掌握全球科技竞争先机。

任务实施参考答案

步骤一：明确车载 GPS 的功能。

请熟悉并梳理车载 GPS 的功能。

车载 GPS 主要由主机、显示屏、操作键盘（遥控器）和天线组成，它实现了野外踏勘、出游旅行的数字化智能导航。车载 GPS 主要有以下几个功能。

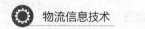

1. 导航功能

使用者在车载 GPS 的导航系统上任意标注两点后，导航系统便会自动为车主设计最佳路线。另外，它还具有修改功能，假如使用者因为不小心错过路口，没有按车载 GPS 导航系统推荐的最佳路线行驶，车辆位置偏离最佳路线轨迹 200 米以上，车载 GPS 导航系统会根据车辆所处的新位置，重新为使用者设计一条回到原来最佳路线的行驶路线，或是为使用者设计一条从新位置到终点的最佳线路。

2. 语音提示功能

只要车辆遇到前方路口或者转弯，车载 GPS 会及时向使用者发出转向等语音提示，从而避免使用者走弯路，提高行车安全性。使用者无须观察显示界面，车载 GPS 就能提供全程语音提示，使使用者行车更加安全和舒适。

3. 增加兴趣点功能

由于大部分城市随时随地都有可能建成新的建筑物，电子地图的更新也成为众多使用者关心的问题。因此遇到一些车载 GPS 电子地图上没有的目标点，只要使用者感兴趣或者认为有必要，可将该兴趣点或者新路线增加到地图上。这些新增的兴趣点，与地图上原有的任何一个点一样，均可套用进车载 GPS 电子地图。

4. 定位

车载 GPS 通过接收卫星信号，可以准确地定位出车辆的所在位置，位置误差小于 10 米。同时，车载 GPS 还可以取代传统的指南针显示方向，取代传统的高度计显示海拔高度等信息。

车载 GPS 定位的基本原理是根据高速运动的卫星瞬间位置作为已知的起算数据，采用空间距离后方交会的方法，确定待测点的位置。

5. 测速

通过车载 GPS 对接收的卫星信号进行测算，可以测算出车辆行驶的具体速度，比一般的里程表准确很多。

6. 显示航迹

车载 GPS 带有航迹记录功能，可以记录下车辆行驶经过的路线，甚至能显示已行驶车道和未行驶车道的区别。返程时，可以启动它的返程功能，顺着来时的路线顺利返程。

步骤二：安装车载 GPS。

请安装好车载 GPS。

第一步：观察车辆仪表盘情况。

寻找安装位置，如图 5 - 2 - 1 所示。为隐蔽安装，一般安装位置在仪表盘下的保险盒处。除了检测汽车相关信号线，安装过程应全程熄火。

图 5 - 2 - 1　寻找安装位置

第二步：拆卸侧挡板及保险盖板。

使用螺丝刀，拆除仪表盘侧挡板（黑色），拆除保险盖板（浅色），如图 5 - 2 - 2 所示，要拧掉这些板子上面的螺丝，才能拆卸。

图 5 - 2 - 2　拆除侧挡板及保险盖板

第三步：检测并确认主电源。

（1）检查汽车保险位置，查看主电源，如图 5 - 2 - 3 所示。

（2）使用测试电笔，将电笔夹子夹在汽车的搭铁线上，逐一测试保险丝。

（3）当测试某个保险丝在点火、熄火状态下都可以点亮电笔，即可以确定该处为汽车常电接口。

第四步：检测并确认点火线。

（1）如果检测发现某个保险丝在熄火时电笔灭了，而启动车辆后电笔亮了，该处即为汽车点火线接入点。

（2）注意应多次测试以确定，确认点火线如图 5 - 2 - 4 所示。

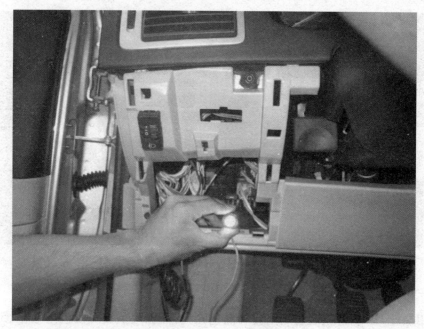

图 5 - 2 - 3　查看主电源

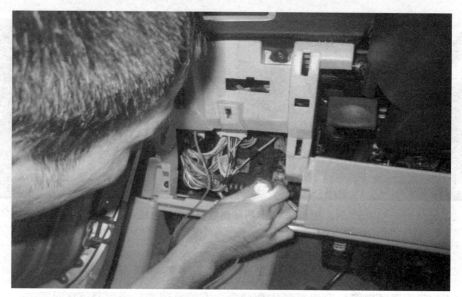

图 5 - 2 - 4　确认点火线

第五步：安装紧急按钮。

安装紧急按钮的操作较为简单，不需要接入汽车相关信号，在方向盘下方找一个合适（不易发现）的位置，贴上即可，注意粘贴位置处可能有蜡，此时需将蜡清除或重新找位置，紧急按钮后端接入车载线的橙色接口，并用绝缘胶布包裹接头。紧急按钮如图 5 - 2 - 5 所示。

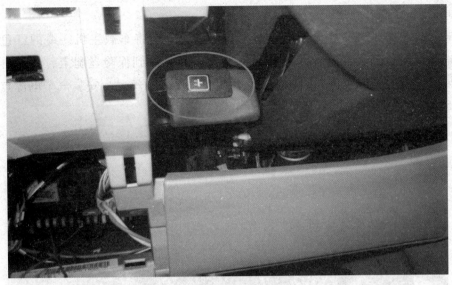

图 5-2-5　紧急按钮

第六步：确定天线位置并安装。

（1）安装 GSM（全球移动通信系统）天线。应确保所放位置信号较好，可以将手机放在所选位置测试信号状态。选好位置后，撕掉 GSM 天线"T"头上的膜，将 GSM 天线粘在该处。

（2）安装 GPS 天线。应确保所选位置上方无金属遮挡物，如果所选位置材料为铁，可以直接将天线吸在上面，黑面朝上，如为其他材料，则使用双面胶粘牢。

安装天线如图 5-2-6 所示。

图 5-2-6　安装天线

第七步：安装汽车电源点火线。

根据刚才找到的主电源位置和点火线位置，分别将车载主机线缆的红色线接入主电源保险丝上（先将保险丝拔除，线头多缠几圈到保险丝腿上，然后再将保险丝插回，看看紧固程度），将棕色线接入点火线保险丝上。安装汽车电源点火线如图 5 - 2 - 7 所示。

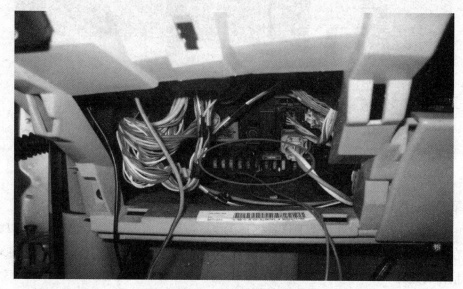

图 5 - 2 - 7　安装汽车电源点火线

第八步：安装汽车电源地线。

就近寻找一个汽车的搭铁线，拧开螺丝后，将车载主机线缆的黑色线缠在螺丝上，再将螺丝拧上，确保连接牢固。安装汽车电源地线如图 5 - 2 - 8 所示。

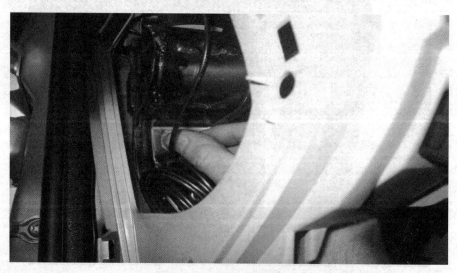

图 5 - 2 - 8　安装汽车电源地线

第九步：安装 SIM 卡。

（1）将车台盖打开，安装 SIM（用户识别模块）卡，如图 5 - 2 - 9 所示。

（2）拨动电池开关至"ON"挡（如果不用电池可以不开启）。

（3）封上后盖。

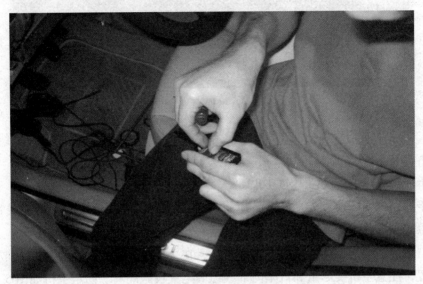

图 5 - 2 - 9　安装 SIM 卡

第十步：安装连接线。

将 GSM 连接线安装在黑色接头上，将 GPS 连接线安装在粉色接头上，如图 5 - 2 - 10 所示。

图 5 - 2 - 10　安装连接线

第十一步：上电测试。

指示灯开始闪烁后，观察绿色和红色指示灯闪烁情况，上电测试如图 5 - 2 - 11 所示。

（1）红色指示灯开始一秒钟闪烁一下，表示 GPS 已经定位。

（2）绿色指示灯开始一秒钟连续闪三下，表示 GPS 中心连接正常。

图 5 - 2 - 11　上电测试

（3）以上两个指示灯全部正常后，联系运营中心，确定车辆是否已经上线，定位位置是否为装车所在位置。

第十二步：规范走线，固定主机。

由于使用的线缆均为 2 米左右，所以安装后，会有多余的线缆，用扎线带扎好，缠裹绝缘胶带，并用扎线带固定在某个固定点上。

在空隙处，找一个合适位置，放置主机，在主机下方贴上魔术贴或双面胶，粘在所选位置，注意主机要尽量和汽车内部线缆等电气设施隔离。固定主机如图 5 - 2 - 12 所示。

图 5 - 2 - 12　固定主机

第十三步：还原汽车封盖。

仔细检查，无隐患后，将仪表盘侧挡板和保险盒盖板重新安装，还原汽车封盖。

第十四步：清理车辆内部。

汽车恢复原状后，对车厢进行清理，将安装产生的线头、防尘帽等清理出车厢。对于安装产生的不清洁地方，进行擦拭。

步骤三：解析 GPS 后台监控系统运行过程。

请总结 GPS 后台监控系统运行过程的要点。

企业购买一个 GPS 监控管理软件，输入用户账号和密码，就可以登录到监控中心的服务器，对企业车辆进行监控和管理。长风物流公司 GPS 车辆监控服务平台如图 5－2－13 所示。

图 5－2－13　长风物流公司 GPS 车辆监控服务平台

　　安装在车辆上的 GPS 接收机根据收到的卫星信息计算出车辆的当前位置，通信控制器从 GPS 接收机输出的信号中提取所需要的位置、速度和时间信息。

　　车载主机结合车辆身份等信息形成数据包，通过移动运营商的 GPRS（通用分组无线业务）网络发往监控中心。监控中心的服务器接收车载主机发送的数据，并从中提取出定位信息，根据各车辆的车牌号等信息，在监控中心的电子地图上显示出来。同时，控制中心的系统管理员可以查询各车辆的运行状况，根据车流量合理调度车辆。此外，该系统还可以回放运行路线。

任务三　GIS 概述

🛠 任务目标

通过本任务的学习，可以达成以下目标。

知识目标	1. 掌握 GIS 的概念 2. 理解 GIS 的构成 3. 理解 GIS 的特征 4. 理解 GIS 的工作流程 5. 了解 GIS 的优势 6. 了解 GIS 在物流行业的应用
技能目标	1. 能绘制 GIS 的功能框架图 2. 能分析 GIS 的应用 3. 能分析 GIS 的发展趋势
思政目标	培养分析问题的能力

⚙ 任务发布

急速物流有限公司为了更好地管理车辆，提高服务质量，公司已为全部自有车辆配置了车载 GPS。随着公司业务的进一步发展，公司业务覆盖的地域范围越来越大，这些改变对急速物流有限公司的运输、配送提出了更高的要求。因此，公司决定建立基于 GIS 的物流配送系统。GIS 有哪些功能？可应用在哪些领域？发展前景如何？作为推动此项目的负责人王晖，需要尽快熟悉 GIS。

请问，王晖应该如何完成这个任务呢？

📍 任务引导

引导问题 1：什么是 GIS？GIS 具备哪些功能？

（空白表格）

引导问题2：在生活中，你使用过 GIS 吗？尝试举例说明。

（空白表格）

📎 任务工单

GIS 的任务工单如表 5 - 3 - 1 所示。

表 5 - 3 - 1　　　　　　　　　　　　GIS 的任务工单

任务名称：	
组长：	组员：
任务分工：	
方法、工具：	
任务步骤：	

🔲 任务实施

步骤一：绘制 GIS 的功能框架。

请绘制 GIS 的功能框架。

步骤二：分析 GIS 的应用。

请阐述 GIS 在物流行业以外领域的应用。

步骤三：分析 GIS 的发展趋势。

请分析并总结 GIS 的发展趋势。

任务评价

学生互评表

任务名称		GIS 概述				
班级		组别		姓名	学号	
评价项目（占比）		评价标准			满分（分）	得分（分）
考勤（10%）		学生考勤情况（无故旷课、迟到、早退出现一次扣10分，请假一次扣2分）			10	
学习能力（10%）	合作学习能力	小组合作参与程度（优6分、良4分、一般2分、未参与0分）			6	
	个人学习能力	个人自主探究参与程度（优4分、良2分、未参与0分）			4	
工作过程（60%）	绘制 GIS 的功能框架图	能阐述 GIS 的概念和构成（每错一处扣1分）			10	
		能阐述 GIS 的特征（每错一处扣5分）			10	
		能分析 GIS 的工作流程（每错一处扣1分）			10	
		能绘制 GIS 的功能框架图（每错一处扣1分）			10	
	分析 GIS 的应用	能阐述 GIS 的优势（每错一处扣1分）			10	
		能分析 GIS 在各个领域的应用（每错一处扣5分）			5	
	分析 GIS 的发展趋势	能分析 GIS 的发展趋势（每错一处扣1分）			5	
工作成果（20%）	成果完成情况	能按规范及要求完成任务（未完成一处扣2分）			10	
	成果展示情况	能阐述 GIS 的应用价值（失误一次扣5分）			10	
总得分						

教师评价表

任务名称		GIS 概述			
授课信息					
班级		组别		姓名	学号

续　表

评价项目（占比）		评价标准	满分（分）	得分（分）
考勤（10%）		学生考勤情况（无故旷课、迟到、早退出现一次扣10分，请假一次扣2分）	10	
学习能力（10%）	合作学习能力	小组合作参与程度（优6分、良4分、一般2分、未参与0分）	6	
	个人学习能力	个人自主探究参与程度（优4分、良2分、未参与0分）	4	
工作过程（60%）	绘制GIS的功能框架图	能阐述GIS的概念和构成（每错一处扣1分）	10	
		能阐述GIS的特征（每错一处扣5分）	10	
		能分析GIS的工作流程（每错一处扣1分）	10	
		能绘制GIS的功能框架图（每错一处扣1分）	10	
	分析GIS的应用	能阐述GIS的优势（每错一处扣1分）	10	
		能分析GIS在各个领域的应用（每错一处扣5分）	5	
	分析GIS的发展趋势	能分析GIS的发展趋势（每错一处扣1分）	5	
工作成果（20%）	成果完成情况	能按规范及要求完成任务（未完成一处扣2分）	10	
	成果展示情况	能阐述GIS的应用价值（失误一次扣5分）	10	
总得分				

任务反思

在完成任务的过程中，遇到了哪些问题？是如何解决的？

知识学习

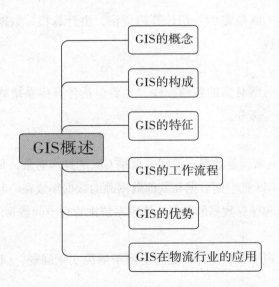

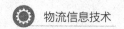

一、GIS 的概念

上文已提出，地理信息系统（GIS）是在计算机技术支持下，对整个或部分地球表层（包括大气层）空间中的有关地理分布数据进行采集、储存、管理、运算、分析、显示和描述的系统。GIS 应用遍及金融、电信、交通、电力、水利、环境保护等国民经济领域。

GIS 是一门综合性学科，结合地理学、地图学及遥感和计算机科学，已经广泛地应用在不同的领域。GIS 基于计算机，可以对空间信息进行分析和处理，把地图这种独特的视觉化效果和地理分析功能与一般的数据库操作集成在一起。

扫一扫

请扫描左侧的二维码，观看视频。

二、GIS 的构成

GIS 由以下五个主要的元素构成。

1. 硬件

硬件就是指操作 GIS 所需的一切计算机资源，由计算机、数据输入设备、数据输出设备和存储设备组成。

2. 软件

软件是指 GIS 运行所必需的各种程序，主要包括计算机系统软件、地理信息系统软件和应用分析软件三部分。

3. 数据

GIS 中最重要的元素就是数据。空间数据是 GIS 的操作对象，是现实世界经过模型抽象的实质性内容。GIS 把空间数据和其他数据源的数据集成在一起，可以使用那些被大多数公司用来组织和保存数据的数据库管理系统来管理空间数据。

4. 人员

如果没有人来管理 GIS 和制订计划并应用于解决实际问题，GIS 将没有什么价值。

人员是 GIS 中重要的构成要素。GIS 不同于一幅地图，它是一个动态的地理模型，仅有硬件、软件和数据还不能构成完整的 GIS，完整的 GIS 还需要人员进行系统组织、管理、维护和数据更新、系统扩充完善以及应用程序开发等。一个 GIS 的运行团队应由项目负责人、信息技术专家、应用专业领域技术专家、若干程序员和操作员组成。

5. 方法

这里的方法主要是指空间信息的综合分析方法，即常说的应用模型。它是在对专业领域的具体对象与过程进行大量研究的基础上总结出的规律的表示。GIS 就是利用这些应用模型对大量空间数据进行分析来解决实际问题的。

三、GIS 的特征

GIS 主要具备以下特征。

（1）GIS 具有空间性和动态性，具备采集、管理、分析和输出多种地理空间信息的能力。

（2）GIS 以地理研究和地理决策为目的，以地理模型方法为手段，具有区域空间分析、多要素综合分析和动态预测等功能，能够生成高层次的地理信息。

（3）由计算机系统支持 GIS 进行空间地理数据管理，并由计算机程序模拟常规的或专门的地理分析方法，作用于空间数据，产生有用信息，完成人类难以完成的任务。

四、GIS 的工作流程

GIS 的工作流程一般来说，包括五个步骤：数据采集与输入、数据编辑与处理、数据存储与管理、空间统计与分析、数据显示与输出。

1. 数据采集与输入

空间数据是 GIS 的"血液"，构建和维护空间数据库是一项复杂、工作量巨大的工程。

通常数据采集的方式有以下几种：通过纸质地图的数字化获取数据；直接采集数字获取数据；通过 GIS 采集数据；直接获取坐标数据。

数据输入的方法主要有图形数据输入、栅格数据输入、测量数据输入和属性数据输入等。

2. 数据编辑与处理

由于 GIS 中的数据类型多种多样，同一种类型的数据其质量也可能有很大的差异，为了保证系统数据的规范和统一，建立满足用户需求的数据文件，现代地理信息系统提供了许多工具来编辑和处理系统数据。数据处理的任务和操作内容包括数据变换、数据重构和数据抽取。

3. 数据存储与管理

数据存储，即将数据以某种格式记录在计算机内部或外部存储介质上。一般直接利用商用关系数据库软件进行数据管理。但是，当数据量很大而且多个用户同时使用数据时，最好使用一个数据库管理系统（DBMS）来帮助用户存储和管理数据。

4. 空间统计与分析

空间统计与分析是 GIS 的核心，是 GIS 最重要和最具有魅力的功能。其以地理事物的空间位置和形态特征为基础，以空间数据与属性数据的综合运算为特征，提取与产生空间信息。

5. 数据显示与输出

GIS 并不以图形或图像文件的形式保存地图，而是存储着带有地图元件的空间信息数据库和描述性信息数据库。在显示数字地图时，GIS 能实时地访问空间信息数据库并读取其中的数据进行分析处理，然后在计算机屏幕上显示出相应的图形。GIS 不仅可以输出全要素地图，还可以根据用户需要，分层输出各种专题地图、各类统计图表及数据等。GIS 输出的内容通常有地图、统计图表等。

五、GIS 的优势

GIS 的优势如下。

（1）打造数字物流企业，规范企业日常运作，提升企业形象。

（2）通过对运输设备的导航跟踪，提高车辆运作效率，降低物流费用，抵抗风险。

（3）利用 GPS 和 GIS 可以实时显示出车辆的实际位置，并任意放大、缩小、还原车辆图像；可以随目标移动，使目标始终保持在屏幕上，利用该功能可对重要车辆和货物进行跟踪运输。对车辆进行实时定位、跟踪、报警、通信等，能够满足客户掌握车辆基本信息、对车辆进行远程管理的需要，有效避免车辆的空载现象，同时客户也能通过互联网技术，了解货物在运输过程中的细节情况。

（4）GIS 能够有效地监管司机的行为。

（5）促进协同商务发展，让物流企业向第四方物流角色转换。

（6）辅助决策。GIS 堪称最佳决策支持系统，以快速有效的信息获取、加工处理手段，使用户足不出户便可运筹帷幄。

（7）商业服务。不管企业是在不断变化的客户环境中寻找合适的客户，还是试图扩大市场，GIS 总能帮助企业正确决策，以达到市场目标。掌握精确的客户资料是成功的关键，分析 GIS 中的客户和商务数据，能够帮助企业发现最好的客户，发掘潜在市场，并针对特定客户设计独特的广告和促销活动，GIS 还可帮助企业选择办公设施的最佳位置。利用 GIS 还可准确掌握潜在客户的地理分布，降低经营成本，提高收益。客户数据库是企业最宝贵的财富之一。充分利用客户数据库的关键是地理定位，GIS 可以根据客户的地址给客户信息赋以地理位置值，并将这些信息与客户收入、心理因素、购买行为等许多数据联系起来，从而分析出潜在的客户。

六、GIS 在物流行业的应用

我们知道，GIS 在空间数据的管理上具有无可比拟的优势，在物流运输环节，利用 GIS 强大的地理数据功能来完善物流分析技术，合理调整物流路线和流量，合理设置仓储设施，科学调配运力，最大限度地利用人力、物力资源，使货物配送达到最优化。具体体现在以下四个方面。

1. 物流中心选址

物流中心选址是物流系统中具有战略意义的投资决策问题，对整个物流系统的合理性和商品流通的社会效益有着决定性的影响。但由于商品资源分布、需求状况、运输条件和自然条件等因素的影响，即使在同一区域内的不同地方建立物流中心，整个物流系统和全社会经济效益也是不同的。

利用 GIS 的空间查询、叠加分析、缓冲区分析、网络分析等功能可以确定哪些地理位置适合筹建物流中心，哪些地理位置的物流成本会比较低，哪些地理位置的运营成本会比较低，在考虑了种种因素之后就可以确定出最佳的物流中心位置。

利用 GIS 的可视化功能可以显示出包含区域地理要素背景下的整个物流网络（如现存物流节点、道路、客户等要素），一般规划者能够直观方便地确定地理位置，从而形成选址方案和备选方案。

2. 配送路线规划

在进行配送路线规划时，可以设置车辆型号以及载货量限制条件，如车速限制、载重限制等，融合导航规划，选出最优配送路线。还可以根据用户需求将目的地一次性批量导入 GIS，根据订单地址精确生成地图点位，进而生成最佳配送路线，提高配送效率，节约配送成本。

3. 车辆跟踪和导航

GIS 能接收 GPS 传来的数据，并将它们显示在电子地图上，帮助企业动态地进行物流管理。首先，企业可以实时监控运输车辆，实现对车辆的定位、跟踪与优化调度，以达到配送成本最低，并在规定时间内将货物送到目的地，很大程度地避免了迟送或者错送的现象；其次，根据电子商务网站的订单信息、供货点信息和调度信息，货主可以对货物随时进行全过程的跟踪与定位管理，掌握运输中货物的动态信息，可以增强供应链的透明度和控制能力，提高客户满意度。

4. 配送区域划分

企业可以参照地理区域，根据各个要素的相似点把同一层上的所有或部分要素分组，用以确定服务和销售市场范围。如某公司利用 GIS 设立若干个分销点，要求这些分销点覆盖某一地区，而且要使每个分销点的客户数目大致相等。

GIS 在空间数据的管理和可视化表达上面拥有不可比拟的优势，供应链活动中必不可少地需要考虑各种地理因素，所以供应链活动中凡是涉及地理因素的方方面面都可以用 GIS 进行合理表达和分析，从而完成各种复杂却极具经济价值的供应链活动。

✎ **思政提升**

论人的能力

人的能力有三个层次：发现问题、分析问题、解决问题。

发现问题看问题的质量，分析问题看深度和视角，解决问题看最终结果。

解决问题的原点在于发现问题，发现问题的过程其实是找到影响事件整体结果的因素，这个阶段最主要的工作是收集信息。在不能发现和分析问题的时候，很容易把解决方案当成问题。

找到所有能影响事件结果的问题，接下来就需要去分析问题。为什么要分析问题呢？

分析是指针对某一对象的状态或某一现象，追根究底地进行归类。换句话说，分析就是将混沌的现实区分成有意义的群组后，阐明其相互关系的一种脑力作业。一个人分析问题的能力就是思考能力的展现。如果在问题的掌握上糊里糊涂，就无法找到问题的本质和真正的原因。

总之，分析这项作业的本质在于除了要筛选出问题的构成要素，还必须从细节上了解构成要素之间的关系。这是一种从结构的角度来理解状况的梳理方式，必须符合"不重复、不遗漏"的原则。其实分析问题等于在一堆庞杂的信息中找出核心要素。

如何分析问题？关键应做到以下几点。

（1）在分析原因之前，最重要的是具体且正确地掌握问题的状况。

（2）用数据和事实分解事件的结构，便能掌握状况和原因。

（3）明确出现的结果是现象还是原因，千万别弄错。

分析原因需要深入到什么程度？可以连续问自己几个问题。

（1）什么/谁出现了不良状态？出现了什么样的不良状态？这两个问题可用于发现问题。

（2）出现不良状态的地点在何处？出现不良状态的对象在何处？这两个问题适用于确定不良状态。

（3）主要针对哪个对象？这个问题适用于面对数个性质相同的对象时，限定其中一个对象。

（4）何时出现的不良状态？这个问题适用于以时间序列来掌握状况，有助于分析原因。

（5）为何会出现不良状态？这个问题有助于询问、收集情报。

（6）为何会发生损害？这个问题是分析原因的主轴。

（7）在什么样的状况下出现不良状态？有时候这个问题就可以揭示直接原因。

（8）损害的程度是什么？损失多少金额？这些问题可以逐层递进。

分析问题的核心在于思考维度与判断能力，思考维度对分析问题的核心要素起着决定性作用，这也直接导致了解决问题的结果。当我们发现了真正的问题，并找到问题的核心要素后，剩下的就是解决问题。

所以，我们在日常的学习和生活中，一定要注意培养自己分析问题的能力，这样才能更好地解决问题。

任务实施参考答案

步骤一：绘制 GIS 的功能框架。

请绘制 GIS 的功能框架。

通过学习，王晖绘制出了 GIS 的功能框架图。GIS 功能框架如图 5 - 3 - 1 所示。

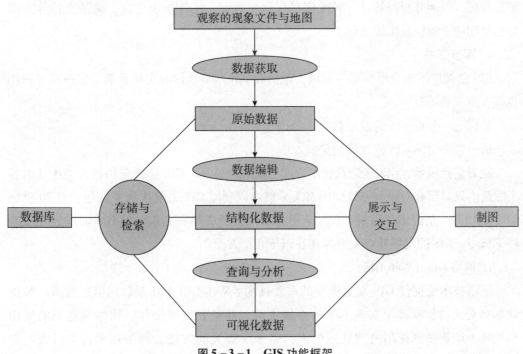

图 5 - 3 - 1　GIS 功能框架

步骤二：分析 GIS 的应用。

请阐述 GIS 在物流行业以外领域的应用。

由于 GIS 是用来管理、分析空间数据的信息系统，所以大部分使用空间数据和空

间信息的部门都可以应用 GIS。目前，GIS 已经被应用到城市基础设施管理与规划、环境保护与管理、土地信息系统的建立和军事领域等各个方面。

1. 城市基础设施管理与规划

城市基础设施主要是指城市地下管道（包括自来水管道、污水排放管道、煤气管道等）、城市供电网、通信网络、邮政网点、道路与交通设施等。由于这些设施同时具有与几何和空间位置相关的特性，建立基于 GIS 的信息系统能够提高对这些设施的管理水平，同时还能极大地提高设计与施工、设备维护与故障排除、线路改造等方面的效率，从而产生巨大的经济效益和社会效益。

2. 环境保护与管理

基于 GIS 建立环境模型和环境信息系统，对环境的变化及发展趋势进行预报分析，同时通过统计分析及模拟研究为环境保护提供决策依据。此外，GIS 技术也被用来建立植物种类与栖息地及环境因素有关的信息系统。

3. 土地信息系统的建立

GIS 最早是从土地信息系统建立过程中发展起来的，而大量高质量 GIS 软件平台的出现又促进了土地信息系统的建立。目前基于 GIS 软件平台的土地信息系统，无论是图形处理、空间分析与统计、属性信息存储与查询、统计报表生成、决策支持等方面都比早期的土地信息系统更优。

4. 军事领域

GIS 已被广泛地应用到军事领域，包括数字化军事地图和定位系统、集团军可视化指挥、模拟训练等。

步骤三：分析 GIS 的发展趋势。

请分析并总结 GIS 的发展趋势。

随着信息技术、GIS 理论及技术方法的发展和进步，GIS 早已应用到人类生活的各个方面。只要研究对象与三维空间有关，就可以利用 GIS 去解决相关问题。自 20 世纪 60 年代以来，历经多年发展，GIS 应用和软件逐渐成熟和完善，但 GIS 的发展还没有停下脚步，GIS 的发展趋势主要体现在以下几个方面。

1. 网络 GIS（Web GIS）

网络技术是促使 GIS 发生质变的重要技术。Web GIS 可在互联网信息发布、数据共享和交流协作基础上实现 GIS 的在线查询、业务处理等操作。网络浏览器的使用从视觉上给提供和使用地理数据的人们带来了极大的方便，网络技术具有巨大的潜力。但如何在 GIS 领域有效使用并充分发挥它的潜力依旧是需要探索的问题。

2. 开放式 GIS（Open GIS）

开放式 GIS 是指在计算机和通信环境下，根据行业标准和接口建立起来的地理信息系统。开放式 GIS 的数据可以在系统内和系统间流动。开放式 GIS 之间具有良好的互操作性，在异构分布数据库中可以实现信息共享。在开放性方面，GIS 还有很长的路要走。

3. 组件式 GIS（Com GIS）

组件式 GIS 的出现使得以往封闭、复杂、难以维护的软件开发模式得到改变。Com GIS 的基本思想是将各个功能模块做成控件，利用软件开发工具以搭积木的形式集成起来，构建 GIS 平台和应用系统。GIS 软件属于大型软件，开发一套功能齐全的 GIS 软件是一项十分复杂的工程。Com GIS 为用户提供了更为便利的二次开发手段，基于标准化的 GIS 平台，各组件间自由灵活地重组，还有可视化的界面和方便的标准接口，无须专门的 GIS 开发语言就能完成应用系统的开发。

4. 虚拟 GIS（VGIS）

虚拟 GIS 其实就是 GIS 与虚拟现实技术（VR 技术）的结合。VR 技术是一种有效模拟人在自然环境中视、听、动等行为的高级人机交互技术。由于技术受限，目前还未能开发出适用于遥感和 GIS 用户的真三维可视化的数据分析软件包。GIS 与 VR 技术的结合促使 GIS 更加完美。通过虚拟现实的可视化技术，GIS 用户在计算机上就能观察到真三维的客观世界。开发虚拟 GIS 已经成为 GIS 发展的一大趋势。

5. 多媒体 GIS（MGIS）

多媒体 GIS 将文字、图形、动画、声音等结合，拓宽了 GIS 的应用领域。多媒体技术在 GIS 领域的深层次应用是 GIS 发展的必然趋势。

6. 三维 GIS（3D GIS）

在三维 GIS 中，研究对象是根据空间 X、Y、Z 轴进行定义的，描述的是真三维的对象。真正的三维 GIS 必须支持真三维的矢量、栅格数据模型和以此为基础的三维空间数据。三维基础上的数据量巨大，难以建立起一个有效的、易于编程实现的三维模型，因此还需要理论研究和技术的发展支持。

7. 时态 GIS（TGIS）

时态 GIS 的组织中心是时空数据库，时间和空间不可分割地联系起来，在环境监测、地震救援、天气预报等应用领域中，空间对象是随时间而变化的，这种变化规律在求解过程中有着极其重要的作用。研究 GIS 的时态问题已经成为当今 GIS 领域的一个重要方向。

8. GIS 与无线通信

利用手机进行无线上网、无线资料传输已经成为生活的重要部分。将 GIS 与无线通信结合，借助无线通信等技术手段，使 GIS 更加深入地应用到生活中，这将是一个非常广阔的市场。

项目六　智慧物流前沿信息技术

任务一　云计算技术

⚒ 任务目标

通过本任务的学习，可以达成以下目标。

知识目标	1. 掌握云计算的概念 2. 理解云计算的服务模型 3. 熟悉云计算的特点与优势 4. 了解云计算平台的体系结构 5. 了解云计算在物流行业中的应用
技能目标	1. 能查找国内外大型云服务商 2. 能分析中国云计算行业整体的发展趋势
思政目标	树立科技自豪感

⏱ 任务发布

大麦科技有限公司成立于 2000 年，总部位于中国上海。公司一直秉承科技向善的宗旨。公司致力于通信、社交软件开发，为客户提供更便捷的沟通方式。近年来，随着互联网的急速发展，公司将业务重心转移到云计算、大数据、物联网等一系列企业技术服务上，支持合作伙伴实现数字化转型，促进业务发展。由于公司开发的信息管理系统功能强大，并且提供良好的售后服务，得到大量物流企业的青睐，目前，公司超过一半的客户为物流企业。

王伟是一名新入职的实习生，为了让王伟尽快熟悉公司业务，适应公司的工作节奏，部门经理让老员工陈飞带领王伟依次学习云计算、大数据和物联网这三大核心技术的相关知识。

请问，王伟应该如何完成云计算技术的学习呢？

⦿ 任务引导

引导问题1：什么是云计算？云计算具备哪些功能和优势？

引导问题2：在生活中，你接触过云计算技术吗？尝试举例说明。

⦿ 任务工单

云计算技术的任务工单如表6-1-1所示。

表6-1-1　　　　　　　　　　　云计算技术的任务工单

任务名称：	
组长：	组员：
任务分工：	
方法、工具：	
任务步骤：	

任务实施

步骤一：查找全球大型云服务商。

（1）请利用互联网，查找并整理出全球大型云服务商。

（2）请利用互联网，查找并整理出整体处于第一梯队的中国云服务商。

步骤二：整理云计算在日常生活中的应用。

请结合实际，整理出云计算在日常生活中的应用。

步骤三：分析中国云计算行业整体的发展趋势。

请分析中国云计算行业整体的发展趋势。

任务评价

学生互评表

任务名称			云计算技术				
班级		组别		姓名		学号	
评价项目 （占比）			评价标准			满分 （分）	得分 （分）
考勤（10%）			学生考勤情况（无故旷课、迟到、早退出现一次扣10分，请假一次扣2分）			10	
学习能力 （10%）	合作学习能力		小组合作参与程度（优6分、良4分、一般2分、未参与0分）			6	
	个人学习能力		个人自主探究参与程度（优4分、良2分、未参与0分）			4	
工作过程 （60%）	查找国内外大型云服务商		能阐述云计算的概念（每错一处扣1分）			10	
			能阐述云计算的服务模型（每错一处扣5分）			10	
			能阐述云计算的特点与优势（每错一处扣1分）			10	
			能查找国内外大型云服务商（每错一处扣1分）			10	
	整理云计算在日常生活中的应用		能阐述云计算平台的体系结构（每错一处扣1分）			10	
			能整理云计算在日常生活中的应用（每错一处扣2分）			5	
	分析中国云计算行业整体的发展趋势		能分析中国云计算行业整体的发展趋势（每错一处扣2分）			5	

续　表

评价项目 （占比）		评价标准	满分 （分）	得分 （分）
工作成果 （20%）	成果完成情况	能按规范及要求完成任务（未完成一处扣2分）	10	
	成果展示情况	能利用云计算技术促进智慧物流的发展（失误一次扣5分）	10	
		总得分		

教师评价表

任务名称				云计算技术				
授课信息								
班级		组别			姓名		学号	

评价项目 （占比）		评价标准	满分 （分）	得分 （分）
考勤（10%）		学生考勤情况（无故旷课、迟到、早退出现一次扣10分，请假一次扣2分）	10	
学习能力 （10%）	合作学习能力	小组合作参与程度（优6分、良4分、一般2分、未参与0分）	6	
	个人学习能力	个人自主探究参与程度（优4分、良2分、未参与0分）	4	
工作过程 （60%）	查找国内外大型云服务商	能阐述云计算的概念（每错一处扣1分）	10	
		能阐述云计算的服务模型（每错一处扣5分）	10	
		能阐述云计算的特点与优势（每错一处扣1分）	10	
		能查找国内外大型云服务商（每错一处扣1分）	10	
	整理云计算在日常生活中的应用	能阐述云计算平台的体系结构（每错一处扣1分）	10	
		能整理云计算在日常生活中的应用（每错一处扣2分）	5	
	分析中国云计算行业整体的发展趋势	能分析中国云计算行业整体的发展趋势（每错一处扣2分）	5	
工作成果 （20%）	成果完成情况	能按规范及要求完成任务（未完成一处扣2分）	10	
	成果展示情况	能利用云计算技术促进智慧物流的发展（失误一次扣5分）	10	
		总得分		

任务反思

在完成任务的过程中，遇到了哪些问题？是如何解决的？

📬知识学习

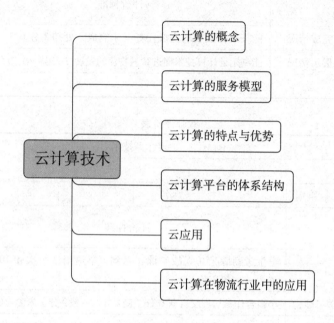

一、云计算的概念

云计算是推动数字经济与实体经济深度融合的催化剂，是重点领域数字产业发展的助推器。发展至今，云计算已经成为新型基础设施的关键支撑技术。

那什么是云计算呢？美国国家标准与技术研究院认为，云计算是一种资源管理模式，能以广泛、便利、按需的方式通过网络访问实现基础资源的快速、高效、自动化配置与管理。

云计算是分布式计算技术的一种，是通过网络将庞大的计算处理程序自动分拆成无数个较小的子程序，再交由多台服务器所组成的庞大系统，经搜寻、计算分析之后将处理结果回传给用户。云计算的本质如图6-1-1所示。

"云"实质上就是一个网络，狭义上讲，云计算就是一种提供资源的网络。使用者可以随时获取"云"上的资源，按需求量使用，并且可以看成是无限扩展的，只要按使用量付费就可以。

从广义上说，云计算是与信息技术、互联网相关的一种服务，这种计算资源共享池叫作"云"，云计算把许多计算资源集合起来，通过软件实现自动化管理，只需要很少的人参与，就能快速提供资源。也就是说，计算能力作为一种商品，可以在互联网上流通，就像水、电、煤气一样，可以方便地取用，且价格较为低廉。

总之，云计算不是一种全新的网络技术，而是一种全新的网络应用概念，云计算

云计算的本质：资源到架构的全面弹性

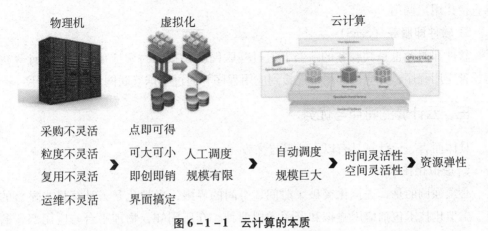

图 6 – 1 – 1 云计算的本质

的核心概念就是以互联网为中心，在网站上提供快速且安全的云计算服务与数据存储，让每一个使用互联网的人都可以利用网络上的计算资源与数据中心。

☀ 扫 一 扫

请扫描左侧的二维码，阅读材料。

二、云计算的服务模型

既然云计算是一种资源提供方式，那么，就可以根据服务模型的层级，提供不同等级的资源。云计算的服务模型可以划分为设施层、平台层和应用层，分别对应基础设施即服务、平台即服务和软件即服务。

1. 基础设施即服务（IaaS）

设施层的作用是给用户准备其所需要的计算资源和存储资源，如服务器、网络设备、存储设备等，通过采用相应技术将这些物理设备转化为动态资源池。

2. 平台即服务（PaaS）

平台即服务，为用户提供运行环境支撑。平台层是整个云计算的核心，包括并行程序设计和开发环境维护。平台层是承上启下的，它在设施层提供资源的基础上提供

了多种服务，比如缓存服务和休息服务等，而且这些服务既可用于支撑应用层，也可以直接让用户调用。

3. 软件即服务（SaaS）

软件即服务也是其服务的一类，通过互联网提供按需付费应用程序。云计算提供商托管应用程序，并允许其用户连接到应用程序并通过全球互联网访问应用程序。

三、云计算的特点与优势

具体而言，云计算具有以下特点与优势。

1. 虚拟化技术

必须强调的是，虚拟化突破了时间、空间的界限，虚拟化是云计算最为显著的特点。虚拟化技术包括应用虚拟和资源虚拟两种。众所周知，物理平台与应用部署的环境在空间上是没有任何联系的，通过虚拟平台可对相应终端完成数据备份、迁移和扩展等操作。

2. 动态可扩展

云计算具有高效的运算能力，在原有服务器上增加云计算功能能够迅速提高计算速度，最终实现动态扩展虚拟化的层次，达到对应用进行扩展的目的。

3. 按需部署

计算机包含了许多应用，不同的应用对应的数据资源库不同，所以用户运行不同的应用时需要具备较强的计算能力对资源进行部署，而云计算平台能够根据用户的需求快速配备计算能力及资源。

4. 兼容性强

目前市场上大多数 IT 资源、软件、硬件都支持虚拟化，比如存储网络、操作系统等。虚拟化要素统一放在虚拟资源池当中进行管理，可见云计算的兼容性非常强，不仅可以兼容低配置机器、不同厂商的硬件产品，还能够外设以获得更高性能的计算资源。

5. 可靠性高

服务器故障也不影响应用的正常运行，因为单点服务器出现故障可以通过虚拟化技术将分布在不同物理服务器上面的应用进行恢复或利用动态扩展功能部署新的服务器进行计算。

6. 性价比高

将虚拟化要素放在虚拟资源池中统一管理在一定程度上优化了物理资源，用户不再需要昂贵、存储空间大的主机，可以选择相对廉价的个人计算机组成"云"，一方面可以减少费用，另一方面个人计算机的计算性能不逊于大型主机。

7. 操作性能强

用户可以利用应用软件的快速部署条件来更简单、更快捷地将自身所需的已有业务以及新业务进行扩展。如计算机云计算系统发生故障，对于用户来说，无论是在计算机层面上还是在具体运用上均不会受到阻碍，这样一来就能够确保任务得以有序完成。在对虚拟化资源进行动态扩展的情况下，同时能够高效扩展应用，提高计算机云计算的操作水平。

四、云计算平台的体系结构

实现计算机云计算需要创造一定的环境与条件，尤其是云计算平台的体系结构必须具备以下关键特征。

（1）云计算平台必须智能化，具有自治能力，在减少人工作业的前提下实现自动化处理平台响应要求，因此云计算平台应该内嵌自动化技术。

（2）面对变化信号或需求信号，云计算平台要有敏捷的反应能力，所以云计算平台应具备柔性结构。

（3）随着服务级别和增长速度的快速变化，云计算平台同样面临巨大挑战，而内嵌集群化技术与虚拟化技术能够应付此类变化。

云计算平台的体系结构由用户界面、服务目录、管理系统、部署工具、监控和服务器集群组成。

（1）用户界面：主要用于用户传递信息，是用户与平台双方互动的界面。

（2）服务目录：提供用户选择的列表。

（3）管理系统：主要对应用价值较高的资源进行管理。

（4）部署工具：能够根据用户请求对资源进行有效部署与匹配。

（5）监控：主要对云计算平台上的资源进行管理与控制并制定措施。

（6）服务器集群：包括虚拟服务器与物理服务器。

五、云应用

云应用是云计算技术在应用层的具体体现，是云计算概念的子集。云计算作为一种宏观技术发展概念而存在，而云应用则是直接面对用户解决实际问题的产品。

云应用遍及各个方面，下面将介绍云存储、云服务、云物联、云安全及云办公这几个方面的云应用。

1. 云存储

云存储是指通过网络技术、分布式文件系统或集群应用等功能，将网络中数量庞大且种类繁多的存储设备通过应用软件集合起来协同工作，共同对外提供数据存储和业务访问的功能，保证数据的安全性，并节约存储空间。

目前国内外发展比较成熟的云存储软件有很多，比如我们国内的百度网盘。百度网盘是百度推出的一项云存储服务，已覆盖主流 PC 和手机操作系统，包含 Web 版、

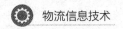

Windows 版、Mac 版、Android 版、iPhone 版。用户可以轻松将自己的文件上传到网盘上，并可以跨终端随时随地查看和分享。2016 年 10 月 11 日，百度云改名为百度网盘，更加专注发展个人存储、备份功能。

2. 云服务

目前非常多的公司都有自己的云服务产品，如 Google（谷歌）、Microsoft（微软）、Amazon（亚马逊）等。现在的移动设备基本具备了自己的账户云服务，比如你的东西存入了苹果手机的 iCloud，你就可以在苹果电脑、iPad 等设备上轻松读取自己苹果手机里的联系人、音乐、图像等数据，省去了拷贝及相互传输的麻烦。

3. 云物联

云物联是基于云计算技术的物物相连。云物联可以将传统物品通过传感设备感知的信息和接受的指令连入互联网中，并通过云计算技术实现数据存储和运算，从而建立起物联网。基于云计算和云存储技术的云物联是物联网技术应用的有力支持，可以实时感知各个"物体"当前的运行状态，将实时获取的信息进行汇总、分析、筛查，确定有用信息后为"物体"的后续发展做出决策。

云物联产品实现了基本的人物交互，可以应用于家庭、医院和酒店等场合，你可以使用手机、电脑实现场景远程控制。

4. 云安全

云安全是云计算技术发展过程中信息安全的最新体现，它是云计算技术的重要应用。云安全融合了并行处理和未知病毒行为判断等新兴技术，通过客户端对互联网软件中异常的行为进行监测，获取木马病毒、恶意程序的最新信息，传送到服务器终端进行自动分析和处理，再把解决方案分发到每一个客户端。将整个互联网，变成一个超级大的杀毒软件，这就是云安全的宏伟目标。值得一提的是，云安全是由我国企业最先提出的概念，中国的网络安全企业在云安全的技术应用上走在了世界的前列。目前，云安全内容非常广泛，下面仅介绍 360 云安全。

360 使用云安全技术，在 360 云安全计算中心建立了存储数亿个木马病毒样本的黑名单数据库和已经被证明是安全文件的白名单数据库。360 系列产品利用互联网，通过互联网查询技术，对计算机里的文件进行扫描、检测后，将其从客户端转到云端服务器，能够极大地提高对木马病毒查杀和防护的及时性、有效性。同时，90% 以上的安全检测计算由云端服务器承担，从而降低了客户端计算机的资源占用率，使计算机运行速度变得更快。

5. 云办公

云办公作为 IT 业界的发展方向，正在逐渐形成独特的产业链，并有别于传统办公软件市场，云办公更有利于企事业单位降低办公成本和提高办公效率。

随着互联网的深入发展和云计算时代的来临，基于云计算的在线办公软件已经进入了人们的生活。

线上 Office（办公）应用程序实现了云端存储的同步。这对于用户来说是非常方便的事情，无须考虑携带 U 盘，只要联网就能轻松享受云计算带来的方便。用户随时随地使用 Office 应用程序进入办公状态，不管用户在办公室还是在外出差，只要能够上网，Office 应用程序始终为最新版本。用户可以在 iOS、Android 移动设备创建、编辑并与任何人实时分享 Office 文件。

六、云计算在物流行业中的应用

1. 云计算为物流行业有效整合信息资源

我国物流服务市场基本上还处于分散、割裂和无序竞争的状态，物流信息化水平相对滞后，多数物流企业缺乏规范的物流流程和信息化标准，资源不整合严重限制了物流活动向专业化、信息化方向发展。究其原因在于物流服务市场没有形成优势互补、强强联合、共同发展的局面，而且分散、单一的功能也不能满足一体化的物流需要。结合当前互联网发展趋势，实现物流信息的资源整合势在必行。

通过云计算对信息资源进行统一整合，物流企业能够更有效地管理整个系统的信息资源，并显著提高业务的可用性。云计算架构具备灵活的扩展性，可以根据系统资源和需求的部署动态地进行扩展。其基础是虚拟化技术，可以将单个物理资源整合起来，供更多的用户使用。这种高效的资源整合功能为物流企业带来了明显的成本优势。在当前 IT 设备更新周期缩短、淘汰率高的情况下，采用云计算整合资源可以降低投资应用程序的成本，减少对建筑资源的占用，同时也减少人员配置的需求。

2. 云计算为物流行业构建云平台

物流行业规模庞大，涉及范围广，具有全球化的特点。以服务为核心的物流网络遍布全球。由于与国外机构紧密合作，物流公司的平均信息化水平要高于供应链上的某些公司。尽管如此，不同公司之间以及同一个公司的不同分公司之间的信息仍然无法互联互通，未能通过互联网提供全程服务。在解决这样的问题方面，云计算平台的优势便得以体现。

云计算平台采用云计算核心集成技术，如"单点登录、统一认证、数据同步和资源集成"，以及云计算物联网互融技术，如"端 - 传 - 网 - 计 - 控"五联。这些技术的应用使得物流业务变得简单、便捷、高质、低价、有效和安全。通过实现物流企业业务的全程电子化，包括在线询价、委托、交易、对账等服务，买方可以尽享便捷的"门到门"服务，从而降低成本、提高效率和降低差错率。此外，云计算平台还能够提供各类服务商和供应商之间的订单数据交换、物流信息的及时共享以及交易的支付和信贷融资等服务。将国际物流业务操作系统和服务平台作为切入点，通过云计算平台，建立客户基础，构建互联互通网络，深入挖掘客户特征，提高客户黏性，开展快速营销，牢牢把握客户资源。

3. 云计算中的云存储系统为物流企业提供空间租赁服务

随着物流企业自身不断发展，企业的数据量随之不断增长。数据量的增长意味着需要投入更多的硬件设备，投入更多的机房设施，投入更多的运行维护成本和人力成本。高性能、大容量的云存储系统可以满足物流企业不断增加的业务数据存储和管理服务的需要，为物流企业提供空间租赁服务。同时，大量专业技术人员的日常管理和维护可以有效地保障云存储系统运行安全，确保数据不会丢失。

4. 云计算中的云存储系统助力物流企业远程备份和远程容灾

数据安全对于物流行业来说是至关重要的，大量的客户资源、平台资源、应用资源、管理资源、服务资源、人力资源不仅要有足够的容量空间去存储，还需要实现数据的远程备份和远程容灾。不仅要保证本地数据的安全性，还要保证当本地发生重大灾难时，可通过远程备份或远程容灾进行快速恢复。通过高性能、大容量的云存储系统和远程数据备份软件，可以为物流企业提供空间租赁和备份业务租赁服务，物流企业也可租用互联网数据中心提供的空间服务和远程数据备份服务功能，建立自己的远程备份和远程容灾系统。

5. 云计算为物流企业提供视频监控系统

通过云存储和物联网等技术建立的视频监控平台，可以将所有的监控视频集中托管在数据中心。在远程服务器上运行的应用程序可以通过互联网进行访问，用户可以通过客户端获取实时的监控数据和信息。计算能力和存储端的海量数据承载能力被整合到单一的监控中心或多个分级监控中心，从而实现对物品可视化数据的高效管理和分析。客户可以通过网络登录管理网页，随时随地查看已录制好的监控录像。这种集中化的监控系统可以全面、准确地掌握物品的情况，帮助物流企业及时发现问题并采取相应的措施。同时，视频监控系统也能够提高物流企业的管理效率和响应速度，实现对运输过程的实时监控和管理。

就现阶段的云计算产品而言，结合华为云、阿里云、腾讯云、网易云等主流企业，云计算在物流行业中的应用主要涉及以下几个方面。

（1）智能仓储：通过无线物联、室内地图技术，将仓库内的货物、车辆进行连接，实现入库、在库、移库、出库的智能管理。

（2）路径优化：专为货运车辆制定路线策略，避开限行、限高、限重路段，合理规划货运路线，降低管理成本。

（3）安全运输：实时监管车况、路况和驾驶人员的状态，实时运算发现潜在危险，并及时预警，确保运输安全。

（4）提升预分拣准确率：针对特定场景定制相应的检索策略和地址解析优化方案。精准的地址解析确保预分拣准确率的提升，提高分拣效率。

以华为云为例，其聚焦物流行业的常见场景，提供了防暴力分拣、分拣路径优化、OCR（光学字符阅读器）单据识别、运输路径优化、三维装箱、IoT（物联网）平台等智慧物流解决方案，帮助企业提高物流效率，降低人力成本，增强业务竞争能力。

扫一扫

请扫描左侧的二维码，观看视频。

思政提升

《中国云计算创新活力报告》发布
——创新驱动发展　中国云计算行业跑出"加速度"

2022 年 9 月 6 日北京时间 19 点，神舟十四号乘组三位中国航天员与非洲青少年进行了一场"天宫对话"，活动面向全球直播，华为云会议成功支持了本次活动及非洲各国视频连线。华为云会议基于华为云 SpartkRTC 全球实时音视频能力，提供高清视频、超低延时、云端协同的专业云会议服务。

我国云计算产业近年来年增速超过 30%，是全球增速最快的市场之一。尤其是新冠肺炎感染疫情以来，远程办公、在线教育、网络会议等需求进一步推动了云计算市场快速发展。云计算正逐渐成为赋能数字经济的数智创新平台，成为数字经济的基础设施。

云计算竞争的核心是技术壁垒，关键是把数百万台服务器变成一台超级计算机的技术体系。在云计算的发展历史上，中国厂商与美国厂商的起步时间所差无几，目前中国云厂商在全球范围内也已经占据了一席之地。2008 年，亚马逊 AWS 开始崛起，微软由纳德拉带队开始探索云业务。以阿里云和华为云为代表的中国云厂商则几乎同时跟进。

市场数据显示，2021 年，亚马逊 AWS 收入 622 亿美元，同比增长 37%；微软智能云收入 600 亿美元，增长 24%；谷歌云收入 192 亿美元，增长 47%。同期，阿里云收入 724 亿元（111 亿美元），同比增长 30%。

中国科技企业创新活力系列研究课题组调研发现，中国云厂商和海外云厂商间的差距不断缩小，市场份额、收入增速、利润规模均体现了这一点。市场份额、收入增速、利润规模的差距只是表象，更深层次的问题来源于产业成熟度。中国云与数字化市场的发展阶段尚处于中前期，市场规模和产业成熟度仍有待进一步提升。

云计算作为数字经济的底座，在我国已历经十几年的发展，在技术创新、产品能力方面已经取得了长足的进步。报告从基础设施、基础架构及产品、PaaS 层软件能力、智能化能力、行业理解能力、安全可靠能力六个维度，对云计算厂商的技术创新活力进行了研究和分析。

基础设施即新型数据中心是云计算的硬件资源依托，数据中心之内，云计算的核心壁垒是把数百万台服务器变成一台超级计算机的"操作系统"，这是云计算的底层架构，是提供云服务产品的基础。

硬件资源和操作系统部署完备之后，则是要向上生长应用，使得云计算的能力落地到实际的生产生活之中。应用的开发和部署则有赖于完备的 PaaS 层软件体系，以视频会议为例，让位于世界各地的人们能够实现实时的视频通话，大家看得见的是视频应用的软件，看不见的则是背后的编解码能力、音视频传输能力等。

除此之外，随着人工智能的发展，人工智能技术也越来越多地走向生产和生活，为应用发挥更大的作用注入了新活力，比如在偏远地区使用无人机搭载的智能巡检系统，可以有效地代替人工，发现电力电路系统中的潜在隐患。当下云计算对于各个行业的数字化转型变革正在发挥越来越大的作用，在政府服务、金融、医疗、能源电力等领域，云计算这个数字经济的代表正在和实体经济融合为一体。当然，这一切都离不开安全可靠的支撑，数据安全、信息安全、云计算基础设施的高可用性和稳定性是所有应用得以稳定运行的基础。

在基础设施能力方面，华为云、阿里云、腾讯云等中国云厂商整体处于第一梯队。目前，中国云厂商的大型数据中心正在向着新型数据中心演进，以支撑经济社会数字转型、智能升级、融合创新为导向，实现了与网络和云计算的高度融合。另外，政务云、行业云等非公有云业务的数据中心也发展得越来越成熟。各个云厂商在数据中心的绿色低碳方面的投入也在逐渐增加。

民族自豪感与国家科技发展的关系是密不可分、相互促进的。国家取得科技发展的成就，让国人感到自豪；而正因为对国家的自豪感，令更多人，特别是青少年愿意投身科技事业，希望推动国家的发展，报效祖国。

任务实施参考答案

步骤一：查找全球大型云服务商。

（1）请利用互联网，查找并整理出全球大型云服务商。

全球大型云服务商有亚马逊云、微软云和谷歌云。

（2）请利用互联网，查找并整理出整体处于第一梯队的中国云服务商。

整体处于第一梯队的中国云服务商有阿里云、华为云、腾讯云、百度智能云等。

步骤二：整理云计算在日常生活中的应用。

请结合实际，整理出云计算在日常生活中的应用。

1. 在线办公

虽然大家都不想工作，就想在家躺着还有钱拿，这显然不现实。不过使用云计算倒是可以先实现我们"在家"这个需求。购买一台云服务器，安装 Windows 系统以后，就相当于拥有了一台随时随地能使用的云电脑，性能随需求而定，即使使用手机、iPad 等移动设备也可以轻松连上你的云电脑来处理工作事宜。

对于一些办公场地分散在不同地域的企业来说，使用云电脑办公，可以提升工作的协同度。例如，在开发一个项目时，大量文件上传需要耗费很多时间，如果在云电脑上操作，那么分隔两地的同事不需要再进行文件的交换，只需登录云电脑账号就可以了。

2. 个人网盘

与我们日常已经在使用的网盘不同，直接在云计算服务商处购买的个人网盘服务，具有极强的私密性和安全性。目前我们在使用的网盘就像商场的存包处，不仅你可以用密码纸打开，商场也可以用钥匙或者利用其他技术打开。个人网盘就像是一个远程的保险箱，只有你自己能打开他，云服务商连钥匙带箱子一起给你，他也没有打开保险箱的权限。这对那些需要存储高机密数据的用户来说是十分重要的。

3. 云游戏

喜欢玩游戏的朋友有时候会因为自己电脑的配置不够错过很多"大作"，这些"大作"都需要比较高的配置才能流畅运行。而云计算的发展为用户解决了这一问题。云游戏将游戏运行在云服务器上，用户只需要一个能接收画面的设备和畅通的网络就能尽情享受"大作"带来的快感。

4. 物联网

物联网的概念能够落地也依赖于云计算的发展。物联网需要将各种智能设备记录、产生的数据进行分析，然后作出判断，庞大的数据处理任务需要超强的算力才能完成，而云计算具备这种能力。

落地到我们生活中，智能家居就是物联网的应用，搭配语音助手，我们说说话就可以控制家里的空调、热水器、燃气灶等，或者设定它们自动变换最适合的模式，为我们提供最舒适的居家环境。

以上就是云计算在我们日常生活中的应用，未来随着技术的不断发展，相信还会有更多场景让云计算有用武之地，我们的生活也会因为云计算而变得更加便捷、舒适。

步骤三：分析中国云计算行业整体的发展趋势。

请分析中国云计算行业整体的发展趋势。

经过分析，中国云计算行业整体将呈现以下发展趋势。

1. 进一步夯实算力基础设施

布局新型的一体化数据中心，扩大算力设施规模，提高算力使用效率，实现算力规模化、集约化发展。

2. PaaS 层技术繁荣发展

随着基础设施的建设和底层云计算架构的不断成熟，云计算 PaaS 层领域的技术也在快速发展。

3. 人工智能融合云计算加速向行业落地

人工智能技术正在加速渗透至云计算解决方案之中，真正产生"化学效应"。

4. 云计算走向实体经济，深入千行百业

云计算行业的发展，最终还是要为千行百业的数字化转型贡献自己的力量。

5. 发展安全可靠的云计算正在成为共识

展望云计算的未来，安全性、稳定性、高可用性等是云计算用户越来越关注的重点，发展安全可靠的云计算正在成为行业发展的共识。

任务二　大数据技术

任务目标

通过本任务的学习，可以达成以下目标。

知识目标	1. 理解大数据的概念 2. 了解大数据的特征 3. 了解大数据的类型 4. 了解大数据的用途 5. 理解大数据的关键技术 6. 了解大数据在智慧物流中的应用
技能目标	1. 能分析大数据的来源 2. 能阐述大数据的处理流程 3. 能分析大数据带来的问题
思政目标	培养数据思维

任务发布

经过一段时间的学习，王伟对云计算技术已经有了一定的了解，接下来，老员工陈飞带领王伟学习大数据技术。

请问，王伟应该如何完成大数据技术的学习呢？

任务引导

引导问题1：什么是大数据？大数据具备哪些优势？

引导问题2：在生活中，你使用过大数据技术吗？尝试举例说明。

📎 任务工单

大数据技术的任务工单如表6-2-1所示。

表6-2-1 大数据技术的任务工单

任务名称：	
组长：	组员：
任务分工：	
方法、工具：	
任务步骤：	

📋 任务实施

步骤一：分析大数据的来源。

请分析大数据的来源。

步骤二：阐述大数据的处理流程。

请结合实际，阐述大数据的处理流程。

步骤三：分析大数据带来的问题。

请分析大数据带来的问题。

步骤四：梳理大数据各个层面的具体内容。

请结合给出的大数据技术在智能物流中的应用框架（见图6-2-1），分别从宏观、

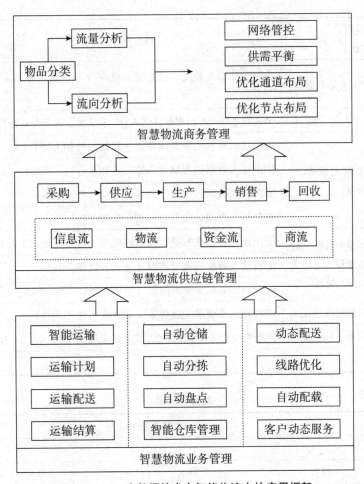

图 6 – 2 – 1 大数据技术在智能物流中的应用框架

中观、微观三个层面梳理具体内容。

任务评价

学生互评表

任务名称			大数据技术				
班级		组别		姓名		学号	
评价项目 （占比）			评价标准			满分 （分）	得分 （分）
考勤（10%）			学生考勤情况（无故旷课、迟到、早退出现一次扣 10 分，请假一次扣 2 分）			10	

评价项目 （占比）		评价标准	满分 （分）	得分 （分）
学习能力 （10%）	合作学习能力	小组合作参与程度（优6分、良4分、一般2分、未参与0分）	6	
	个人学习能力	个人自主探究参与程度（优4分、良2分、未参与0分）	4	
工作过程 （60%）	分析大数据的来源	能阐述大数据的概念和特征（每错一处扣1分）	10	
		能阐述大数据的类型（每错一处扣1分）	10	
		能阐述大数据的用途（每错一处扣1分）	10	
		能分析大数据的来源（每错一处扣1分）	10	
	阐述大数据的处理流程、分析大数据的弊端	能阐述大数据在智慧物流中的应用（每错一处扣1分）	10	
		能阐述大数据的处理流程（每错一处扣2分）	5	
		能分析大数据带来的问题（每错一处扣2分）	5	
工作成果 （20%）	成果完成情况	能按规范及要求完成任务（未完成一处扣2分）	10	
	成果展示情况	能利用大数据技术促进智慧物流的发展（失误一次扣5分）	10	
总得分				

教师评价表

任务名称		大数据技术				
授课信息						
班级		组别		姓名	学号	

评价项目 （占比）		评价标准	满分 （分）	得分 （分）
考勤（10%）		学生考勤情况（无故旷课、迟到、早退出现一次扣10分，请假一次扣2分）	10	
学习能力 （10%）	合作学习能力	小组合作参与程度（优6分、良4分、一般2分、未参与0分）	6	
	个人学习能力	个人自主探究参与程度（优4分、良2分、未参与0分）	4	
工作过程 （60%）	分析大数据的来源	能阐述大数据的概念和特征（每错一处扣1分）	10	
		能阐述大数据的类型（每错一处扣1分）	10	
		能阐述大数据的用途（每错一处扣1分）	10	
		能分析大数据的来源（每错一处扣1分）	10	
	阐述大数据的处理流程、分析大数据的弊端	能阐述大数据在智慧物流中的应用（每错一处扣1分）	10	
		能阐述大数据的处理流程（每错一处扣2分）	5	
		能分析大数据带来的问题（每错一处扣2分）	5	

续　表

评价项目 （占比）		评价标准	满分 （分）	得分 （分）
工作成果 （20%）	成果完成情况	能按规范及要求完成任务（未完成一处扣2分）	10	
	成果展示情况	能利用大数据技术促进智慧物流的发展（失误一次扣5分）	10	
总得分				

任务反思

在完成任务的过程中，遇到了哪些问题？是如何解决的？

知识学习

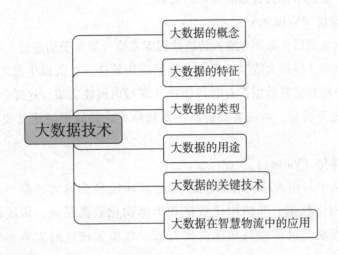

一、大数据的概念

大数据作为当前IT行业最热门的概念，已经引发了行业专家的热烈讨论。数据仓库、数据安全、数据分析和数据挖掘等已经成为大家竞相追求的利润焦点。那什么是大数据呢？

1. 专业解释

大数据的英文是Big Data，是一种行业术语，指无法在一定时间范围内用常规软件工具进行捕捉、管理和处理的数据集合，是需要新处理模式才能具有更强的决策力、洞察发现力和流程优化能力的海量、高增长率和多样化的信息资产。

2. 通俗解释

大数据通俗的解释就是海量的数据，顾名思义，"大"就是多、广，"数据"就是

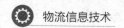

信息、技术及数据资料，合起来就是多而广的信息、技术、数据资料。

大数据的真正价值在于企业如何运用大数据分析为决策提供有力的支持。大数据分析可以帮助企业充分利用获取的数据，把握新机遇，革新业务模式。企业数字化转型在一定程度上来说就是对数据的利用，因此企业想要实现专、精、特、新等战略决策，离不开对大数据的精准分析。

二、大数据的特征

大数据具有"5V"特征，具体如下。

1. 数据量巨大（Volume）

尽管数据量不是判断大数据的唯一要素，但绝对是一项重要的要素。为了充分管理和利用大数据及大数据技术，企业需要采用高级算法和由人工智能驱动的大数据分析工具。但在此之前，企业需要采用安全可靠的方式来存储、整理和检索数万亿字节的数据，大型企业通常都拥有如此规模的数据。

2. 处理速度快（Velocity）

过去，数据生成后，必须先输入传统数据库系统（通常手动进行），然后才能分析或检索数据。如今，借助大数据技术和大数据应用软件，在数据生成之时，数据库就能即时处理、分析和配置数据，有时甚至在几毫秒内就能完成。这样企业就可以利用实时数据捕获财务机会，响应客户需求，预防欺诈，并处理对速度要求极高的其他活动。

3. 种类多样化（Variety）

如果数据集中只包含结构化数据，无论其规模多么庞大，都不是大数据。大数据通常由结构化数据、非结构化数据和半结构化数据组成。传统的数据库和数据管理解决方案缺乏灵活性且功能范围有限，根本无法应对大数据中不同且复杂的数据集。

4. 准确可靠（Veracity）

尽管借助现代数据库技术，企业能够采集和理解大量不同类型的数据，但只有准确、相关和及时的数据才具有价值。对于仅存储结构化数据的传统数据库，语法错误和拼写错误屡见不鲜。而在非结构化数据方面，面临着数据准确性的挑战，人类偏见、社交干扰信息和数据来源问题都会影响数据质量。

5. 交付价值（Value）

毫无疑问，大数据分析产生的结果往往出人意料且极具吸引力。但是，对于企业而言，大数据分析提供的信息必须能够帮助企业提高竞争力和韧性，并为客户提供更卓越的服务，这也是企业利用大数据应用软件进行大数据分析的初衷。现代大数据技术提供了数据采集和数据检索功能，能够帮助企业大幅提升利润和运营韧性。

三、大数据的类型

大数据可分为以下三种类型。

1. 结构化数据

这类数据最容易整理和搜索，主要包括财务数据、机器日志和人口统计明细等。结构化数据很好理解，其结构类似于电子表格中预定义的行列布局。这种结构下的数据很容易分门别类，数据库设计人员和管理人员只需要定义简单的算法就能实现搜索和分析功能。

不过，即使结构化数据数量非常大，也不一定称得上大数据，因为结构化数据本身易于管理，不符合大数据的定义标准。一直以来，数据库都是使用 SQL（结构化查询语言）编程语言管理结构化数据。SQL 是由 IBM（国际商业机器公司）在 20 世纪 70 年代开发的，旨在帮助开发人员构建和管理当时正逐步兴起的关系型（电子表格式）数据库。

2. 非结构化数据

这类数据指不具有预定义模型或未以预定方式组织的数据，如社交媒体中的音频文件、图片和开放式客户评论等。这些数据符合大数据定义中大而复杂的要求，因此这些数据通常很难用标准的行列关系型数据库捕获。一直以来，如何利用这类数据是企业在不断探索的问题。大多数情况下，企业若想搜索、管理或分析大量非结构化数据，只能依靠烦琐的手动流程。毫无疑问，分析和理解这类数据能够为企业带来价值，但是执行成本往往太过高昂。而且，由于耗时太长，分析结果往往还未交付就已经过时。因为无法存储在电子表格或关系型数据库中，所以非结构化数据通常存储在数据湖、数据仓库和 NoSQL（非 SQL）数据库中。

3. 半结构化数据

半结构化数据是结构化数据和非结构化数据的混合体。电子邮件就是一个很好的例子，因为其中的正文属于非结构化数据，而发件人、收件人、主题和日期等则属于结构化数据。使用地理标记、时间戳或语义标记的设备也可以同时提供结构化数据和非结构化数据。采用人工智能技术的现代数据库不仅能够即时识别不同类型的数据，还能够实时生成算法，有效地管理和分析各种相关的数据集。

四、大数据的用途

大数据的用途相当广泛，基本各行各业都会运用到大数据。大数据的用途可简单分为以下四类。

1. 优化业务流程

企业利用大数据的主要目的是提升业务流程的效率。大数据分析能根据并运用社交网络数据、网站搜索信息等找出有使用价值的数据。在供应链管理和派送线路优化这两个领域，大数据可以帮助物流企业实现自然地理的精准定位和无线通信频率的鉴别，从而跟踪货物和车辆，利用交通实时路况数据信息来选择更优的路线。此外，大数据还能应用于人力资源管理流程的改善，如职位招聘的调整等。

2. 提高医疗和研发水平

大数据分析应用程序的计算能力允许我们在几分钟内解码整个 DNA（脱氧核糖核酸）数据，能更好地掌握和预测疾病，协助医生尽快医治病患。例如，现在大数据技术已经被医院用于监测早产婴儿和生病婴儿的状况，通过记录和分析婴儿的心跳，医生预测可能的不适症状，这有利于医生更好地为婴儿提供帮助。

3. 改善城市发展

大数据分析还被用于改进我们在城市中的日常生活。例如，借助城市的实时交通路况信息和社交媒体的季节性数据，可以增加新的交通线路以优化城市交通。

4. 满足客户服务需求

企业非常喜欢收集社交数据、浏览器日志和传感器数据，以更全面地掌握客户信息。一般来说，企业建立大数据模型是为了预测客户的潜在需求。

☼ 扫一扫

请扫描左侧的二维码，阅读材料。

五、大数据的关键技术

1. 大数据采集

大数据采集就是对数据进行 ETL（Extract Transform Load，抽取转换加载）操作，最终挖掘数据的潜在价值，然后给用户提供解决方案或参考决策。用户从数据源抽取所需数据，经过数据清洗，然后按照预先定义好的数据模型将数据加载到数据仓库中去，最后对数据仓库中的数据进行分析和处理。大数据采集是大数据分析生命周期中的重要一环，它通过传感器、移动互联网等渠道获得各种类型的结构化数据、半结构化数据及非结构化数据。由于采集的数据错综复杂，因此进行数据分析之前必须通过抽取技术对数据进行抽取，从原始数据中抽取出需要的数据。

大数据采集的应用场景如图 6-2-2 所示。

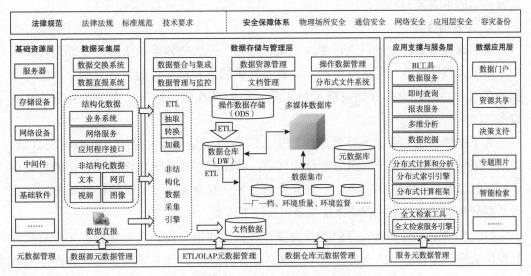

图 6-2-2　大数据采集的应用场景

注：BI 为商业智能，OLAP 为联机分析处理。

目前很多互联网企业都有自己的大数据采集工具，多用于系统日志采集，如 Hadoop（海杜普）的 Chukwa（开源的用于监控大型分布式系统的数据收集系统）、Cloudera（一家计算机软件开发企业）的 Flume（流式日志采集工具）、Facebook（脸书）的 Scribe（开源的日志收集系统）等。这些工具均采用分布式架构，能满足每秒数百兆的日志数据采集和传输需求。

2. 大数据预处理

现实中的数据大多是"脏"数据，比如缺少属性值或仅仅包含聚集数据等，因此需要对数据进行预处理。大数据预处理技术示意如图 6-2-3 所示。

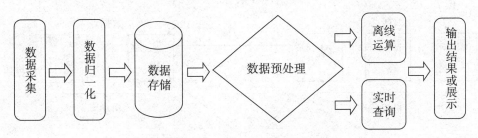

图 6-2-3　大数据预处理技术示意

数据预处理主要包括以下几种。

（1）数据清理：用来清除数据中的"噪声"，纠正不一致。

（2）数据集成：将多个数据源合并成一个数据存储库。

（3）数据归约：通过聚集、删除冗余特征或聚类等操作来控制数据的规模。

（4）数据变换：把数据压缩到较小的区间，如［0，1］，可以提高涉及距离度量的挖掘算法的准确率和效率。

3. 大数据存储

大数据存储是将数量巨大，难以收集、处理、分析的数据持久化地存储到计算机中。由于大数据环境一定是海量的，并且大数据的增量都有可能是海量的，因此大数据的存储和一般数据的存储有极大的差别，需要高性能、高吞吐率、大容量的基础设备。

为了能够快速、稳定地存储这些数据，需要通过分布式存储的方式将不同区域、类别、级别的数据存放于不同的磁盘阵列中。分布式存储系统包含多个自主的处理单元，通过计算机网络互联来协作完成分配的任务，其分而治之的策略能够更好地解决大数据分析问题。分布式存储系统主要包含以下两类。

（1）分布式文件系统。存储管理需要多种技术协同工作，其中分布式文件系统为其提供最底层存储能力的支持。分布式文件系统是一个高度容错性系统，被设计成适用于批量处理、能够提供高吞吐量服务的数据访问系统。

（2）分布式键值系统。分布式键值系统用于存储关系简单的半结构化数据。典型的分布式键值系统有 Amazon Dynamo（亚马逊的数据存储系统），获得广泛应用和关注的对象存储技术也可以视为分布式键值系统，其存储和管理的是对象而不是数据块。

大数据的分布式存储系统架构如图 6 - 2 - 4 所示。

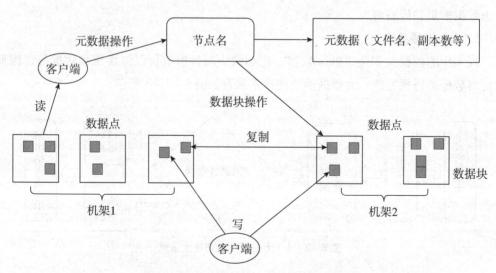

图 6 - 2 - 4 　大数据的分布式存储系统架构

4. 大数据分析与挖掘

大数据分析与挖掘的目的是把隐藏在一大批看起来杂乱无章的数据中的信息集中

起来，进行提炼，以找出所研究对象的内在规律。

大数据分析与挖掘主要包含两个内容，即可视化分析与数据挖掘算法的选择。

（1）可视化分析。不论是分析专家，还是普通用户，在分析大数据时，最基本的要求就是对数据进行可视化分析。大数据可视化示意如图6-2-5所示。

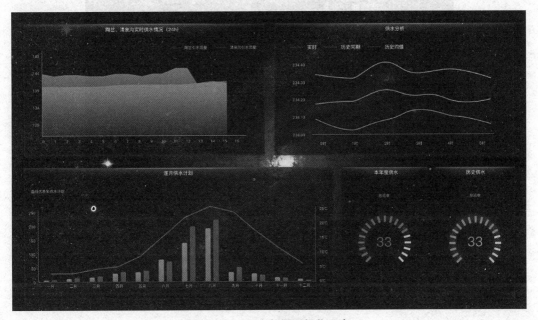

图6-2-5　大数据可视化示意

可视化分析将单一的表格变为丰富多彩的图形模式，简单明了、清晰直观，读者更易于接受，如标签云、历史流、空间信息流等都是常见的可视化技术。用户可以根据自己的需求灵活地选择这些可视化技术。

（2）数据挖掘算法的选择。大数据分析的理论核心就是数据挖掘算法。数据挖掘算法多种多样，不同的算法基于不同的数据类型和格式会呈现不同的特点。各类统计方法都能深入数据内部，挖掘数据的价值。数据挖掘算法是根据数据挖掘模型进行计算的方法。为了创建数据模型，先分析用户提供的数据，针对特定类型的模式和趋势进行查找，然后使用分析结果定义用于创建数据挖掘模型的最佳参数，将这些参数应用于整个数据集，以便提取可行模式和详细统计信息。在数据挖掘算法中常采用人机交互技术，该项技术可以引导用户对数据进行逐步分析，使用户参与数据分析的过程，更深刻地理解数据分析的结果。通过大数据分析学生个人画像如图6-2-6所示。

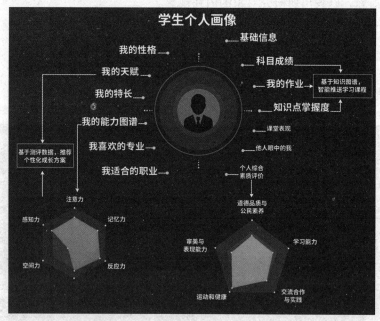

图 6-2-6　通过大数据分析学生个人画像

☼ 扫一扫

请扫描左侧的二维码，阅读材料。

六、大数据在智慧物流中的应用

1. 市场预测

一般情况下，企业采取的一系列了解客户偏好的方式往往具有延迟性，了解客户的偏好及制定相应的营销策略，往往会经历一段时间，这样很可能已经错过了最佳的销售时段，但是大数据技术的实时性能解决这个问题，如企业能根据大数据的实时结果给出最佳的营销策略实施节点。

2. 物流中心的选址

企业在进行物流中心选址时需要考虑诸多因素，如企业的性质、企业的资金量等，考虑选址地点是否利于企业的销售、运输和配送，总之企业需要将企业的成本最小化。要解决此类问题，传统的方法大多不切实际，企业很难在实际中采纳，而大数据中的分类树法，可以让企业根据不同的需求选择合适的算法，从而达到解决问题的目的。

3. 优化配送线路

配送效率一直是物流企业很重视的一个方面，特别是现在大城市交通状况难以预测的情况下，配送效率对于物流企业来说显得格外重要，基于云平台的大数据技术配合定位技术可以根据企业运输车辆所处位置的实时交通情况，结合智能算法提前预测车辆最优的行驶路径，优化配送线路，从而提升企业的配送效率。

4. 储位优化和库存优化

储位优化可以提高企业的配送和分拣效率，企业可以利用大数据的关联模式法根据商品的数据关联度安排最优的储位。在历史库存数据和销售预测的基础上，利用云平台的大数据技术进行仿真模拟计算，包括多层 ABC 分析、库存周转率分析，最终确定企业最优的库存量。

☀ 扫一扫

请扫描左侧的二维码，观看视频。

✎ 思政提升

大数据技术在电子商务中的运用

1. 大数据技术在选择和竞争者分析活动中的应用

电子商务是一种与互联网紧密关联的商业模式，包含大量数据，如消费者个人消费数据、商业运营管理数据和商品数据。利用大数据技术可挖掘与分析电子商务平台的背景数据。通过分析点击次数、转化率、回购率，预测哪些产品能够转化为一大笔资金，实现科学选择。例如，亚马逊利用大数据技术构建 Big Tracker（选择库），以帮助卖家创造热销卖点。当卖家搜索商品关键字时，会看到搜索结果的所有数据，如平均销售额、平均价格、平均排名等，以便商品信息可视化。

2. 大数据技术在目标群体识别和消费者偏好预测活动中的应用

大数据技术广泛应用于体育赛事预测、股票预测、灾害预测等领域，取得了良好的应用效果。同样，在电子商务中，大数据技术也可以用来解决目标群体识别和消费者偏好预测问题。消费者在电子商务平台上生成大量的消费者行为数据。具体来说，消费者行为可以分为搜索行为、浏览行为、比较行为和购买行为。这四种行为由电子商务平台记录。搜索行为生成搜索编号，浏览和比较行为生成单击编号，购买行为生成付款编号。对消费者行为数据进行统计、比较和分析，电子商务平台可以了解消费者的购买意向和消费习惯，构建用户画像，然后识别目标群体，预测消费者偏好。例如，亚马逊可以通过访问页面和转换数据来分析消费者行为，并根据标题、购物车、消费者搜索路径和独特的推荐算法来预测消费者可能购买的产品。凭借这项技术，亚马逊在精准营销和个性化定制方面已成为电子商务领域的领导者。

3. 大数据技术在推广活动中的应用

利用大数据技术解决推广问题主要有三步。第一步，挖掘目标消费者的数据是关键。通过大数据技术，企业可以了解消费者的需求和偏好，更好地定位商品。例如，通过对消费水平、年龄分布和性别比例进行统计分析，并针对不同分析结果制定针对性的策略，以获取目标消费者的关注。第二步，建立消费者分析模型。根据消费者分析模型准确锁定目标消费者，通过深入了解目标消费者的购买习惯、兴趣爱好等信息，企业可以更精准地组织推广活动。第三步，建立目标消费者数据和媒体配置建议。这有助于企业在电子商务平台上准确地展示商品信息，让消费者能够轻松地找到所需商品。推广的目的是将目标消费者与适合他们的商品相匹配，这对于电子商务企业来说至关重要。企业通过利用海量数据获取远离本土的消费者信息，并制订有针对性的营销计划，可以更好地满足消费者需求，提升销售业绩。实际上，亚马逊等知名企业都推出了官方用户画像，为卖家提供了关于定价、客户消耗速度和营销等方面的指导策略。这些举措帮助卖家更加精准地把握消费者需求，实现更有效的推广效果。

4. 大数据技术在物流活动中的应用

（1）运用大数据技术优化配送方案，以提高物流配送的及时性。物流配送的有效性直接影响消费者的购物体验，长时间的等待导致消费者的购物体验不佳。运用大数据技术，电子商务企业可以准确找到最省时的配送路线、配送方式等，整合物流资源，提升运输能力，进而提高物流配送的及时性，提高购买者的满意度，促进电子商务企业的发展。

（2）运用大数据技术改变电子商务分销模式。目前，电子商务分销模式主要包括邮政包裹、第三方物流、物流联盟和海外仓储等模式，其中第三方物流和物流联盟这两种模式使用得最多。此外，采取海外仓储模式的企业不仅需要具备资金实力和大数据处理能力，还需要建立庞大的全球物流系统。亚马逊在全球建立大量的运营中心来存储商品，同时还推出了"预测交付"服务，即在消费者下单之前将相关商品运往距消费者收货地点最近的运营中心，以缩短交货时间。随着电子商务的发展，海外仓储模式将逐渐占据主导地位。

在大数据时代，人们迫切希望能够通过数据找到解决问题的思路。数据已经被视为一种宝贵的资产和生产力要素，我们可以对数据进行深入剖析，提炼出有价值的信息。在我们的日常学习和生活中，具备数据思维是至关重要的。我们需要有效且恰当地获取、分析、处理、利用和展现数据，并利用大数据技术有效地解决问题。

任务实施参考答案

步骤一：分析大数据的来源。

请分析大数据的来源。

1. 社交数据

社交数据来源于社交媒体上的文字评论、图片以及与日俱增的视频文件。虽然社交媒体及其使用趋势瞬息万变、难以预测，但作为大数据的主要来源，其稳定增长的趋势是不会改变的。

2. 机器数据

物联网设备和机器都配有传感器，能够发送和接收数据。物联网传感器能够帮助企业采集和处理来自整个企业的机器数据。从天气传感器、交通传感器到安全监控设备，全球范围内的数据生成设备正在迅速增多。

3. 交易数据

交易数据是世界上增长速度最快的数据。例如，一家大型国际零售商每小时处理超过 100 万笔客户交易。想象一下，全球那么多采购和银行交易，生成的数据量会多么惊人。此外，交易数据越来越多地由半结构化数据组成，包括图片和注释等，使得管理和处理难度不断增加。

步骤二：阐述大数据的处理流程。

请结合实际，阐述大数据的处理流程。

1. 采集

大数据的采集是指利用多个数据库来接收发自客户端的数据，并且用户可以通过这些数据库来进行简单的查询和处理工作。比如电子商务企业会使用传统的关系型数据库来存储每一笔事务数据，除此之外，Redis（一个开源的内存数据结构服务器，可用作数据库）和 MongoDB（一个基于分布式文件存储的数据库）这样的 NoSQL 数据库也常用于数据的采集。

在大数据的采集过程中，其主要特点和挑战是并发访问量高，因为同时可能会有

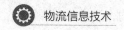

成千上万的用户来进行访问和操作，比加火车票售票网站和淘宝，它们并发的访问量峰值达到上百万，所以需要在采集端部署大量数据库才能支撑。并且如何在这些数据库之间进行负载均衡和分片也需要深入思考和设计。

2. 导入/预处理

虽然采集端本身会有很多数据库，但是要对这些海量数据进行有效的分析，还是应该将这些来自前端的数据导入一个集中的大型分布式数据库或者分布式存储系统，并且可以在导入基础上做一些简单的清洗和预处理工作。也有一些用户会在导入时对数据进行流式计算，来满足部分业务的实时计算需求。

导入/预处理过程的特点和挑战主要是导入的数据量大，每秒钟的导入量经常会达到百兆，甚至千兆级别。

3. 统计与分析

统计与分析主要利用分布式数据库或者分布式存储系统对海量数据进行普通的分析和分类汇总等，以满足大多数常见的分析需求，在这方面，一些实时性需求会用到EMC（易安信）的 GreenPlum（一款开源数据仓库）、Oracle（甲骨文）的 Exadata 数据库云平台，以及基于 MySQL（基于 SQL 查询的开源跨平台数据库管理系统）的列式存储 InfoBright（一个基于知识网格技术的列式数据库）等，而一些批量处理或者基于半结构化数据的需求可以使用 Hadoop。

统计与分析的主要特点和挑战是涉及数据量大，其对系统资源，特别是 I/O（输入/输出）资源会有极大的占用。

4. 挖掘

与前面统计与分析过程不同的是，数据挖掘一般没有预先设定好的主题，主要是基于现有数据进行计算，从而实现一些高级别数据分析的需求。比较典型的算法有用于聚类的 K – Means（k 均值聚类）、用于统计学习的 SVM（支持向量机）和用于分类的 Naive Bayesian Classifier（朴素贝叶斯分类器），主要使用的工具有 Hadoop 的 Mahout（一个开源项目）等。该过程的特点主要是用于挖掘的算法很复杂，并且计算涉及的数据量和计算量都很大，常用数据挖掘算法都以单线程为主。

步骤三：分析大数据带来的问题。

请分析大数据带来的问题。

1. 社会安全问题

网民每时每刻都产生着大量的数据，也消费着大量的数据，网络的放大效应、传播的速度和动员的能力导致各种社会矛盾叠加，致使社会群体性事件频发。

2. 个人隐私问题

人们可以利用的信息技术工具无处不在，有关个人的各种信息也同样无处不在。在网络空间里，身份越来越虚拟，隐私也越来越重要。根据哈佛大学发布的一项研究报告，只要有一个人的年龄、性别和邮编，就能从公开的数据中搜索到这个人约87%的个人信息。

步骤四：梳理大数据各个层面的具体内容。

请结合给出的大数据技术在智能物流中的应用框架（见图6-2-1），分别从宏观、中观、微观三个层面梳理具体内容。

1. 宏观层面：智能物流商品管理

智能物流商品管理以达到供需平衡为目的，根据相关规定，对商品进行分类，统计不同品类商品的流量和流向。针对需求构建指标体系，通过对大量数据的处理分析发掘潜在的规律，为优化物流节点和通道布局提供参考依据。

2. 中观层面：智能物流供应链管理

智能物流供应链管理从企业物流出发，对整个供应链信息进行计划、协调、控制。供应链管理是物流发展的必然趋势，也是企业经济发展的必然趋势。供应链企业在进行采购、供应、生产、销售、回收时，通过对处理流程与使用者行为等进行分析，以业务整合与以用户为核心的观点看待整个物流流程，并立即针对分析结果做出反应，以达到提高行销成效、供应链效率与消费者满意度等效果。

3. 微观层面：智能物流业务管理

从物流企业的角度出发，物流业务包括运输、仓储、配送、流通加工、包装等多个环节，对于现代物流，特别是大数据背景下的智能物流，更加关注物流服务一体化，这一点与传统的物流服务仅提供一项或数项独立的物流服务功能存在着巨大的区别。智能物流业务管理就是通过对物流业务的再造和优化形成核心化、高效化、精简化的流程。

任务三　物联网技术

⚒ 任务目标

通过本任务的学习，可以达成以下目标。

知识目标	1. 理解物联网的概念 2. 了解物联网的组成 3. 了解物联网的网络架构和关键技术 4. 了解物联网的应用
技能目标	1. 能分析物联网的特征 2. 能总结物联网的行业现状 3. 能分析物联网的发展趋势和面临的挑战
思政目标	培养互联网思维

🕐 任务发布

经过一段时间的学习，王伟对云计算技术和大数据技术都已经有了一定的了解，接下来，老员工陈飞带领王伟学习物联网技术。

请问，王伟应该如何完成物联网技术的学习呢？

📍 任务引导

引导问题1：什么是物联网？物联网有哪些功能呢？

引导问题2：在生活中，你使用过物联网技术吗？尝试举例说明。

📎 任务工单

物联网技术的任务工单如表6-3-1所示。

表6-3-1	物联网技术的任务工单
任务名称：	
组长：	组员：
任务分工：	
方法、工具：	
任务步骤：	

🗒 任务实施

步骤一：分析物联网的特征。

请分析物联网的特征。

步骤二：总结物联网的行业现状。

请利用互联网，总结物联网的行业现状。

步骤三：分析物联网的发展趋势和面临的挑战。

（1）请分析物联网的发展趋势。

（2）请分析物联网面临的挑战。

任务评价

学生互评表

任务名称			物联网技术				
班级		组别		姓名		学号	
评价项目（占比）			评价标准			满分（分）	得分（分）
考勤（10%）			学生考勤情况（无故旷课、迟到、早退出现一次扣10分，请假一次扣2分）			10	
学习能力（10%）	合作学习能力		小组合作参与程度（优6分、良4分、一般2分、未参与0分）			6	
	个人学习能力		个人自主探究参与程度（优4分、良2分、未参与0分）			4	
工作过程（60%）	分析物联网的特征		能阐述物联网的概念（每错一处扣1分）			5	
			能阐述物联网的组成（每错一处扣1分）			10	
			能阐述物联网的关键技术（每错一处扣1分）			10	
			能分析物联网的特征（每错一处扣1分）			10	
	阐述物联网的行业现状、发展趋势和面临的挑战		能阐述物联网的应用（每错一处扣1分）			10	
			能总结物联网的行业现状（每错一处扣2分）			5	
			能分析物联网的发展趋势和面临的挑战（每错一处扣2分）			10	
工作成果（20%）	成果完成情况		能按规范及要求完成任务（未完成一处扣2分）			10	
	成果展示情况		能利用物联网技术促进智慧物流的发展（失误一次扣5分）			10	
总得分							

教师评价表

任务名称			物联网技术				
授课信息							
班级		组别		姓名		学号	
评价项目（占比）			评价标准			满分（分）	得分（分）
考勤（10%）			学生考勤情况（无故旷课、迟到、早退出现一次扣10分，请假一次扣2分）			10	

续　表

评价项目 （占比）		评价标准	满分 （分）	得分 （分）
学习能力 （10%）	合作学习能力	小组合作参与程度（优6分、良4分、一般2分、未参与0分）	6	
	个人学习能力	个人自主探究参与程度（优4分、良2分、未参与0分）	4	
工作过程 （60%）	分析物联网的特征	能阐述物联网的概念（每错一处扣1分）	5	
		能阐述物联网的组成（每错一处扣1分）	10	
		能阐述物联网的关键技术（每错一处扣1分）	10	
		能分析物联网的特征（每错一处扣1分）	10	
	阐述物联网的行业现状、发展趋势和面临的挑战	能阐述物联网的应用（每错一处扣1分）	10	
		能总结物联网的行业现状（每错一处扣2分）	5	
		能分析物联网的发展趋势和面临的挑战（每错一处扣2分）	10	
工作成果 （20%）	成果完成情况	能按规范及要求完成任务（未完成一处扣2分）	10	
	成果展示情况	能利用物联网技术促进智慧物流的发展（失误一次扣5分）	10	
总得分				

任务反思

在完成任务的过程中，遇到了哪些问题？是如何解决的？

知识学习

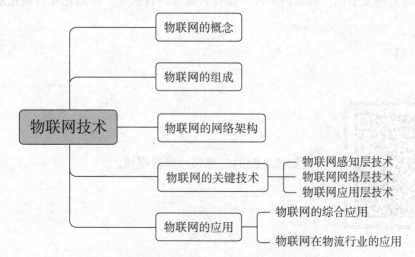

一、物联网的概念

当今世界，物联网已经成为一个全球性的概念。物联网技术的兴起，改变了信息世界的走向，那么，什么是物联网呢？

物联网，简单理解就是万物相连的互联网。

物联网的英文是 Internet of Things，简称为 IoT，其核心和基础仍然是互联网，是在互联网基础上的延伸和扩展的网络。物联网是通过传感设备，按约定的协议把任何物品与互联网相连接，进行信息交换和通信，以实现对物品的智能化识别、定位、跟踪、监控和管理的一种网络。

在物联网中，传感设备可以实时采集任何需要监控、连接、互动的物品的信息，然后通过有线或无线网络接入，最终实现物与物、物与人的连接，实现对物品和过程的智能化感知、识别和管理。物物相连如图 6 - 3 - 1 所示。

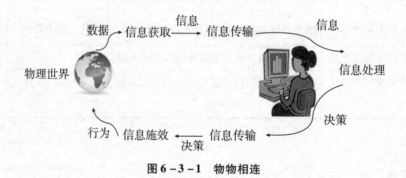

图 6 - 3 - 1 物物相连

物联网被视为继计算机、互联网、移动通信之后的又一次信息产业革命，其具体应用领域包括物流、保险、溯源和交通等。开放式、动态化和信息的集中管理将是物联网时代的重要趋势，这样的发展方向和所产生的空间，无疑会使物流活动更加智能化。从智慧地球到感知中国，物联网会进一步提升物流的智能化、信息化和自动化水平。

☀ 扫 一 扫

请扫描左侧的二维码，观看视频。

二、物联网的组成

从实现流程上讲，物联网分成了三个部分。一是传感设备部分，也就是利用射频识别设备、传感器等传感设备，感知和获取物品的各类信息；二是通信技术部分，通过与互联网、无线网络和有线网络的融合，将物品的信息实时、准确地传送，以便信息交流、分享；三是智能处理部分，即使用各种智能技术，对感知和传送到的数据、信息进行分析处理，实现监测与控制的智能化。因此，物联网在整个信息流的过程中必须具备三项能力，一是获取信息的能力，二是传送信息的能力，三是处理信息的能力。

三、物联网的网络架构

物联网由感知层、网络层、应用层组成，物联网的网络架构如图 6 - 3 - 2 所示。各层次通过相互协作与配合，协同完成真正意义上的物物相连，并提供泛在化的物联网服务。

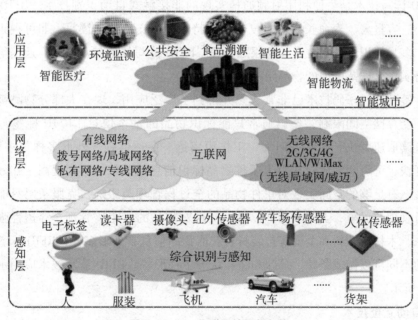

图 6 - 3 - 2　物联网的网络架构

1. 感知层——全面感知

感知层主要实现智能感知和交互功能。由各种传感器及传感器网关构成，包括电子标签、读卡器、红外传感器等感知终端。感知层的作用相当于人体部位的神经末梢，它是物联网识别物品、采集信息的地方。

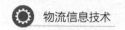

2. 网络层——实现信息的接入、传输和通信

由有线网络、无线网络、互联网组成，相当于人的神经中枢和大脑，负责传递和处理感知层获取的信息。

3. 应用层——智能处理

应用层主要实现信息的处理与决策，是物联网和用户的接口，它与行业需求结合，实现物联网的智能应用。

四、物联网的关键技术

（一）物联网感知层技术

感知层主要实现智能感知功能，是物联网伸向物理世界的"触角"，也是海量信息的主要来源，是应用服务的基础。从技术上讲，主要包括物联网数据信息的采集、捕获和物品识别等环节，并形成前端的自组织网络和智慧感知。

1. RFID 读写技术

RFID 读写技术是一种利用射频通信实现的非接触式自动识别技术。RFID 标签具有体积小、容量大、寿命长、可重复使用等特点，可支持快速读写、非可视识别、移动识别、多目标识别、定位及长期跟踪管理。RFID 读写技术与互联网、通信等技术相结合，可实现全球范围内的物品跟踪与信息共享。

在标签领域，条码技术已非常成熟并得到了广泛应用，现在大部分物品都贴有条码。由于受存储空间限制，条码通常只能标识物品的基本信息。RFID 标签与条码相比，具有读取速度快、存储空间大、工作距离远、穿透性强、外形多样等多种优势。读取速度快，可瞬间完成对成百上千件物品标识信息的读取，从而提高工作效率；存储空间大，有足够的空间实现对单件物品的全过程管理与跟踪，克服条码只能对某类物品进行管理的局限；工作距离远，可以实现对物品的远距离管理；穿透性强，可以透过纸张、木材、塑料和金属等包装材料获取物品信息；外形多样，RFID 标签根据应用场合的不同可以做成条状、环状和纽扣状等多种形状。RFID 读写技术应用示意如图 6-3-3 所示。

2. 自动定位技术

目前常见的定位技术主要有 GPS 卫星定位、蓝牙定位、WiFi（Wireless Fidelity，无线保真）网络定位等。

GPS 是美国从 20 世纪 70 年代开始研制，具有在海、陆、空进行全方位实时三维定位的新一代卫星导航与定位系统。GPS 卫星定位原理实质上就是测量学的空间测距定位，其特点是利用均匀分布在高空中 6 个轨道上的 24 颗卫星，发射测距信号及载波，用户通过接收机接收这些信号并测量卫星至接收机的距离，一般地形条件下通过 4~12

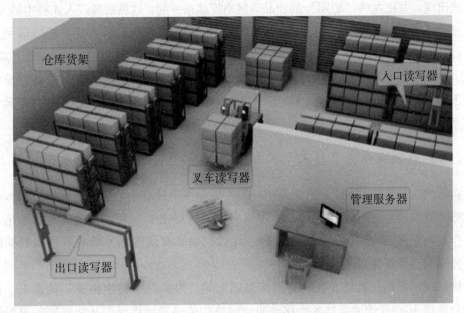

图 6 - 3 - 3　RFID 读写技术应用示意

颗卫星便可知地面点位坐标。

　　蓝牙技术是一种短距离、低功耗的无线传输技术，支持一点到一点或一点到多点的数据互联业务，可以实现不同设备之间的短距离无线互联。在室内安装适当的蓝牙局域网接入点，把网络配置成基于多用户的基础网络连接模式，并保证蓝牙局域网接入点始终是这个微网的主设备，就可以获得用户的位置信息，实现利用蓝牙定位的目的。

　　WiFi 技术与蓝牙技术一样，同属于短距离定位技术。WiFi 网络定位是通过对接收到的无线电波的一些参数进行测量，根据特定的算法判断出被测物品的位置，测量参数一般包括传输时间、幅度、相位和到达角等。基于 WiFi 网络定位，采用多个地理定位基站（GBS）来确定移动电台（MS）的位置，通过分析接收信号强度、信号相位及到达时间等属性来确定 MS 的距离，MS 的方向则通过接收信号的到达角获得。

　　3. 传感器技术

　　传感器技术利用传感器以多跳、自组织的方式协作采集网络覆盖区域中被感知对象的信息，如热、力、光、电、声等信号，特别是微型传感器、智能传感器和嵌入式 Web 传感器的发展与应用，为物联网系统的信息采集、处理、传输、分析和反馈提供了最原始的数据信息。

　　4. 嵌入式技术

　　如果说之前互联网上大量存在的设备主要以通用计算机（如个人计算机等）的形式出现，那么物联网的目的则是让所有物品都具有计算机的智能特性但并不以通用计算机的形式出现，并把这些"聪明"的物品与网络连接在一起，这就需要嵌入式技术的支持。嵌入式技术主要针对具体的应用特点设计专用的嵌入式系统。嵌入式系统以应用为中心，以计算机技术为基础，软件、硬件可量身定制，它适用于对功能、可靠性、成本、体积、功耗有严格要求的专用计算机系统。嵌入式系统通常被嵌入更大的物理设备当中而不被人们所察觉，如手机、PDA，甚至空调、微波炉、冰箱中的控制部件都属于嵌入式系统。

（二）物联网网络层技术

物联网主要在于"网"，感知是第一步，但是如果没有一个庞大的网络体系，将不能对感知到的信息进行管理和整合。物联网的网络层主要实现信息的传送和通信，网络层作为物联网的中间层，借助互联网、无线网络、有线网络，承载着感知数据的接入、传输与运营等重要工作。

物联网的网络层是建立在现有网络基础上的，为实现"物物相连"的需求，物联网综合使用 3G/4G 等通信技术。移动通信网络、传感器网络等都是物联网的重要组成部分，这些网络通过物联网的节点、网关等核心设备协同工作，并承载着各种物联网服务的网络互联工作。

1. 无线传感器网络技术

近年来，无线通信、集成电路及微机电系统（MEMS）等技术的飞速发展，推动了低成本、低功耗、多功能的无线传感器的大量生产。无线传感器是一种集传感功能与驱动控制力、计算通信于一体的资源受限嵌入式设备，而无线传感器网络（WSN）则是由大量无线传感器构成的自组织网络，其目的是协作地感知、采集和处理网络覆盖区域内的对象信息，并将其传送给需要的用户。无线传感器网络技术示意如图 6 - 3 - 4 所示。

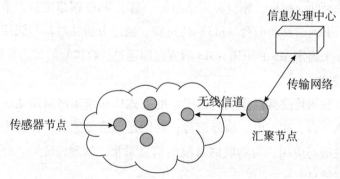

图 6 - 3 - 4　无线传感器网络技术示意

2. 核心承载网络通信技术

目前，有多种通信网络可助力物联网中的核心承载网络通信技术，如互联网、无线局域网、企业专用网、专用于物联网的通信网等。数据通信多采用 WiMax 移动宽带接入通信技术。WiMax 已由固定无线模式演进为移动无线模式，并结合 VoIP（互联网电话）解决了语音接入问题。

（三）物联网应用层技术

物联网的应用层包括应用中间层和应用服务层，实现物联网网络层与应用层服务间的接口和功能调用，同时也支持各类公共领域或行业领域的物联网应用。物联网的发展以应用为导向，其服务的内涵将得到扩展，不断涌现的新型应用将给物联网的服务模式和应用开发带来巨大挑战。

物联网应用层中的关键技术为云计算技术。应用云计算技术将庞大的计算处理程序自动拆分成无数个较小的子程序，再交由多个服务器组成的物联网系统处理，经过搜索、计算和分析后，将处理结果回传给用户。云计算技术以虚拟化技术为基础，以网络为载体，提供基础架构、平台、软件等服务形式。它将大规模可扩展的数据和应用等分布式计算资源进行协同工作，实现超级计算模式。其中，典型的互联网 + 云计算如图 6 - 3 - 5 所示。

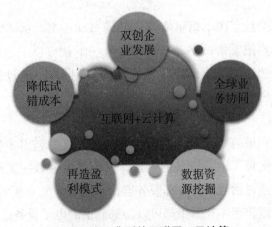

图 6 - 3 - 5 典型的互联网 + 云计算

五、物联网的应用

（一）物联网的综合应用

物联网的应用领域涉及方方面面，如智能交通、智能建筑、文物保护等领域，物联网使有限的资源得到更加合理的使用和分配，从而提高了行业效率、效益。

1. 智能交通

利用物联网技术自动检测并报告公路、桥梁的"健康状况"，可以避免超载车辆经过公路、桥梁，也能够根据光线强度对路灯进行自动开关控制。通过检测设备，在道路拥堵或发生其他特殊情况时，利用物联网技术自动调配红绿灯，预测拥堵路段。利用物联网技术构建的智能公交系统通过综合运用网络通信、GIS、GPS 及电子控制等手段，集智能运营调度、电子站牌发布、IC 卡收费、ERP 管理等于一体。物联网技术背景下的智能化停车场通过超声波传感器、摄像传感器、地感性传感器等可以帮助人们更好地找到车位。

2. 智能建筑

利用物联网技术，建筑物内照明灯能自动调节亮度，实现节能环保，建筑物的运作状况也能通过物联网及时发送给管理者。同时，利用物联网技术将建筑物与 GPS 终端实时连接，可以在电子地图上准确、及时反映出建筑物的空间地理位置、安全状况、人流量等信息。

3. 文物保护

数字博物馆采用物联网技术对文物保存环境的温度、湿度、光照、降尘和有害气体等进行长期监测和控制，建立长期的文物环境参数数据库，研究文物与环境影响因素之间的关系，创造最佳的文物保存环境，更好地保护文物。

4. 数字图书馆

应用物联网技术的数字图书馆可实现自助借书和还书。借书时只要把身份证或借书卡插进读卡器里，再把要借的书在扫描器上放一下就可以了。还书过程更简单，只要把书投进还书口，传送设备便自动把书送到书库。同样，通过扫描装置，工作人员也能迅速得知书的类别和位置以进行分拣。

5. 数字家庭

如果简单地将家庭里的电子设备连接起来，那么只是利用多功能遥控器控制所有的电子设备终端，仅实现了电子设备的连接，这不是发展数字家庭的初衷。只有在连接电子设备的同时，通过物联网与外部服务连接起来，才能真正实现设备与服务互动。利用物联网技术就可以实现不在家中却可以让家庭里的电子设备运行起来。

☀ 扫一扫

请扫描左侧的二维码，阅读材料。

（二）物联网在物流行业的应用

随着物联网自身的发展，物联网在物流行业中的应用也在不断扩展。

1. 供应链管理方面

目前，越来越多的企业将供应链管理作为提高企业经济效益的重点。鉴于物联网强大的信息采集和共享的特性，物联网将减小供应链的"牛鞭效应"。

供应链管理中，通过 RFID、红外射频等感知技术可以实时获取物品当前的状态，然后通过物联网的网络层将信息传达给销售商、生产商以及原料供应商，使供应链上的各个环节具备快速获取信息的能力，增加其可供处理的时间。这种供应链的智能物流信息化管理会提高客户需求预测的准确度，促使供应链上下游企业之间密切合作，实现整体效益的提高，而不是利润的简单转移。

☀ 扫一扫

请扫描左侧的二维码，阅读材料。

2. 智能物流配送中心方面

配送中心可以根据需要将电子标签贴在货物、托盘或者周转箱上面，通过信息的实时记录、处理，再结合物联网的智能处理系统，实现货物出入库、盘点、配送的一体化管理。

比如，贴有 RFID 标签的货物通过入库扫描口时，读写器将自动读取货物信息，并将信息通过网络传送到数据库与订单详情进行对比，清点无误便可入库，数据库随之更新。在配送过程中，智能软件系统根据客户需求自动安排货物出库，出库过程与入库相似。当然，可以将物联网中的智能终端设备，如智能码垛机器人、无人搬运小车等与操作软件相结合，进一步提高智能物流配送中心的智能化程度。

3. 可视化管理方面

目前，物联网中的 GPS/GIS 技术、RFID 技术、传感器网络技术在智能物流中已初步应用，实现实时了解关注对象的位置与状态，力图建立可视化的智能系统。

比如，现在的智能物流运输系统积极应用物联网技术，已经在某种程度上实现可视化。在运输路线上布置一些网络节点，当带有相应标签或传感器的货车经过时，企业便可获知其运输的路线、时间、货物等相关信息，后台管理者实现可视化管理。

4. 可追溯管理方面

应用物联网建立可追溯的智能系统，主要是为了实现智能物流过程中的质量管理和责任追究。比如，将物联网中的射频技术嵌在生产系统中，不仅能够实时监控产品的生产过程，而且可以进行事后查询。目前，主要是在食品安全、药品安全等领域运用物联网实施可追溯管理。完善产品追溯体系可以加强产品质量、效率等方面的智能物流保障。

✏ 思政提升

工业和信息化部办公厅公布 2022 年移动物联网应用典型案例

2022 年 9 月，工业和信息化部办公厅组织开展 2022 年移动物联网应用典型案例征集活动，并于 2022 年 11 月公布 100 个入库案例名单，通过遴选一批技术先进、成效突出、应用前景良好的移动物联网应用案例，发挥典型作用，进一步提升移动物联网应用的广度和深度。

其中，基于"移动物联网＋人工智能"的工业设备智能维护、工业机器人智能运维和预测性维护应用、天脉大田物联农业智控灌溉系统、智能家居通用系统、智慧校园智能电子学生证应用典型案例项目、比亚迪车联网项目、物联网智慧消防应用系统、5G＋建筑施工环境智慧监管项目、抄表机器人物联网项目、基于多网协同的输电线路智能运维系统等榜上有名。

所谓移动物联网，主要是以蜂窝移动通信技术和网络为载体，通过多网协同实现万物互联、连接泛在的新型信息基础设施。在全国范围内，移动物联网已经形成车联网、公共服务、智慧家居等 4 个亿级的应用，智能制造、智慧物流、智慧农业等 3 个千万级的应用，这几类应用的移动物联网连接数分别达到上亿或上千万。

近年来，江苏省积极推进移动物联网建设，建成全省深度覆盖的网络基础设施，在重点行业领域形成了一系列惠及民生、促进生产的解决方案和典型场景，全省物联网终端用户目前已超过 2 亿个，物联网产业规模和技术水平持续保持国内领先地位。此次公布 2022 年移动物联网应用典型案例征集活动 100 个入库案例名单中，该省 11 个应用典型案例入选，数量全国第一。

据了解，湖南也有多个项目入选，如中国电信股份有限公司湖南分公司国网输电线路通道可视化智慧物联项目、长沙智能制造研究总院有限公司红外无线无源气体报警系统的研制及应用、中国联合网络通信有限公司湖南省分公司基于移动物联网的城市环保卫生服务项目等。另外，由中新天津生态城推动、天津智慧城市数字安全研究院研发的"智能网联汽车全域数字安全能力平台"入选。

作为学生，我们应学会运用互联网思维，辩证性、批判性地看待问题、思考问题、解决问题。

任务实施参考答案

步骤一：分析物联网的特征。

请分析物联网的特征。

1. 它是各种传感器的广泛应用

物联网上部署了海量的传感器，每个传感器都是一个信息源，不同类别的传感器所捕获的信息内容和信息格式不同。传感器获得的数据具有实时性，按一定的频率采集环境信息，不断更新数据。

2. 它是一种建立在互联网上的泛在网络

物联网技术的重要基础和核心仍是互联网，通过各种有线网络和无线网络与互联网融合，将物品的信息实时、准确地传递出去。物联网上的传感器定时采集的信息需要通过网络传输，由于其数量极其庞大，形成了海量信息，在传输过程中，为了保证数据的正确性和及时性，必须适应各种异构网络和协议。

3. 它具有智能处理能力

物联网本身具有智能处理的能力，能够对物品实施智能控制。物联网利用云计算、模式识别等各种智能技术，扩充其应用领域。从传感器获得的海量信息中分析、加工和处理出有意义的数据，以适应不同用户的不同需求，发现新的应用领域和应用模式。

4. 它强化物联网的精神实质是提供不拘泥于场合、时间的应用场景

物联网依托云服务平台和互通互联的嵌入式处理软件，弱化技术色彩，强化与用户之间的良性互动，提供更佳的用户体验，提供更及时的数据采集和分析服务，保障更自如的工作和生活，是通往智能生活的物理支撑。

步骤二：总结物联网的行业现状。

请利用互联网，总结物联网的行业现状。

近年来，物联网技术得以不断积累与升级，产业链也逐渐完善和成熟，加之基础设施建设、基础性行业转型和消费升级等周期性因素的驱动，处于不同发展水平的领域和行业交替式地不断推进物联网的发展，带动了全球物联网行业整体呈现爆发式增长态势。5G 的落地将正式开启物联网时代。5G 与物联网的关系，可以看成 4G 与互联网的关系。5G 的本质是把对人的通信延伸到万物互联，物联网是建立在互联网基础上的一个新阶段。

近年来，我国政府出台各类政策大力发展物联网行业，不少地方政府也出台物联

网专项规划、行动方案和发展意见，从土地使用、基础设施配套、税收优惠、核心技术和应用领域等多个方面为物联网产业的发展提供政策支持。在工业自动控制、环境保护、医疗卫生、公共安全等领域开展了一系列应用试点和示范，并取得了初步进展。

1. **市场容量**

当前，全球物联网核心技术持续发展，标准体系加快构建，产业体系处于建立和完善过程中。未来几年，全球物联网市场规模将快速增长。

2006 年至 2020 年，物联网应用从闭环、碎片化走向开放、规模化，工业物联网、车联网等率先突破。中国物联网行业规模不断扩大，行业规模保持快速扩大，江苏省、浙江省、广东省行业规模均超千亿元。

在政策、技术推动以及疫情的影响下，服务于公共事业的智能终端（如智能水表、智能电表、智能气表等应用）明显增多。5G、云计算、人工智能等数字技术加速万物互联进程，未来移动网络连接的重点将从"人"转向"物"。

2. **全球进展**

全球物联网产业规模由 2008 年的 500 亿美元增长至 2018 年的近 1510 亿美元。在连接数快速增长和梅特卡夫定律的作用下，物联网在各行业的新一轮应用已经开启，落地增速加快，物联网在各行业数字化变革中的赋能作用已非常明显。得益于外部动力和内生动力的不断丰富，物联网应用场景迎来大范围拓展，智慧政务、智慧产业、智慧家庭、个人信息化等方面产生大量创新性应用方案，物联网技术和方案在各行业应用渗透率不断提高。2013 年物联网行业应用渗透率为 12%，2017 年数值已超过 29%。随着物联网应用速度的加快，全球互联网企业、通信企业、IT 服务商、垂直行业领军企业对物联网的重视程度持续提升，进一步明确了物联网在其整体发展战略中的地位，物联网产业力量不断丰富。[①]

步骤三：分析物联网的发展趋势和面临的挑战。

（1）请分析物联网的发展趋势。

①数据分析。

数据可以说是企业最重要的战略工具之一。高质量的数据在制定业务战略和确保供应链的完整性方面发挥着重要作用。通过围绕"正常"数据集偏差的警报，可以触发实时行动，从而避免灾难事件并节省成本。数据还能够激发高水平的机器学习、客户服务、维护计划。

②人工智能、机器学习和视觉检查。

人工智能、机器学习、视觉检查的概念正变得越来越普遍。这些功能都以数据洞察为指导，消除了人工操作过程中的不可预测性和误差范围。

---

① 资料来源为中国信息通信研究院。

③高级网络。

随着物联网技术的发展，其周围的网络也在发展。提高网络和连接基础设施的速度、安全性和可靠性是物联网传感器、可穿戴设备、智慧城市和智能家居发挥巨大潜力的先决条件。

（2）请分析物联网面临的挑战。

虽然物联网近年来的发展已经渐成规模，但是在技术、管理、成本、安全性等方面仍然存在许多需要攻克的难题，具体分析如下。

①技术标准的统一与协调。

传统互联网的标准并不适合物联网。物联网感知层的数据多源异构，不同的设备有不同的接口和不同的技术标准；网络层、应用层也由于使用的网络类型不同、行业的应用方向不同而存在不同的网络协议和体系结构。如何建立的统一的物联网体系架构、统一的技术标准是物联网正在面临的难题。

②管理平台问题。

物联网自身就是一个复杂的网络体系，加之应用领域遍及各行各业，不可避免地存在很大的交叉性。如果这个网络体系没有一个专门的综合平台对信息进行分类管理，就会出现大量信息冗余和重复建设，造成资源浪费。每个行业的应用各自独立，成本高、效率低，体现不出物联网的优势，势必会影响物联网的推广。物联网现急需一个能整合各行业资源的统一管理平台，使其能形成一个完整的产业链模式。

③成本问题。

各国对物联网都积极支持，在看似百花齐放的背后，能够真正投入并大规模使用的物联网项目少之又少。譬如，实现 RFID 技术最基本的电子标签及读卡器，其成本价格一直无法达到企业的预期，性价比不高；传感器网络是一种多跳、自组织网络，极易遭到环境因素或人为因素的破坏，若要保证网络通畅，并能实时传送可靠信息，网络的维护成本便很高。在成本达到企业普遍可以接受的范围之前，物联网的发展只能是空谈。

④安全性问题。

传统的互联网发展成熟、应用广泛，尚存在安全漏洞。物联网作为新兴产物，体系结构更复杂、没有统一标准，各方面的安全问题更加突出。其关键问题之一是传感器网络的安全问题，传感器暴露在自然环境下，特别是一些放置在恶劣环境中的传感器，如何长期维持网络的完整性对传感技术提出了新的要求，传感器网络必须有自愈的功能。这不仅受环境因素的影响，还受人为因素的影响。RFID 技术是其另一关键问题，事先将电子标签置入物品以达到实时监控的目的，这对于部分标签物的所有者势必会造成一些个人隐私的暴露，个人信息的安全性存在问题。不仅是个人信息安全，如今企业之间、国家之间合作都相当普遍，一旦网络遭到攻击，后果将不敢想象。如何在使用物联网的过程做到信息化和安全化的平衡至关重要。

参考文献

［1］王淑荣．物流信息技术［M］.2版.北京：机械工业出版社，2010.

［2］米志强，杨曙．物流信息技术与应用［M］.3版.北京：电子工业出版社，2021.

［3］周晓光，杨萌柯，林钢．物流信息技术实训［M］.北京：北京大学出版社，2017.